FRENCH 2
Blanc

Discovering FRENCH Today!

Activités pour tous

HOLT McDOUGAL

HOUGHTON MIFFLIN HARCOURT

Printed in the U.S.A.

ISBN 978-0-547-87178-3

7 8 9 10 0982 21 20 19 18 17 16 15 14 13

4500439272 A B C D E F G

BLANC

Table of Contents

Table of Contents

UNITÉ 5 101

UNITÉ 6 121

UNITÉ 7 141

UNITÉ 8 161

UNITÉ 9 181

To the Student

The activities in *Activités pour tous* include vocabulary, grammar, and reading practice at varying levels of difficulty. Each practice section is three pages long, with each page corresponding to a level of difficulty (A, B, and C). A is the easiest and C is the most challenging. Each level includes three activities.

The reading activities are often based on French realia, such as menus, newspaper clippings, advertisements, and so forth.

Reprise. Entre amis

RAPPEL 1 Les nombres, la date, l'heure et le temps

A

Activité 1 L'intrus

Select the word that does not belong with the others.

1. mars	onze	juin	4. printemps	mercredi	jeudi
2. lundi	dimanche	avril	5. hiver	janvier	automne
3. cent	trente	mardi	6. samedi	seize	douze

Activité 2 Quelle heure est-il?

It is six hours later in Paris than it is in New York. Match the correct Paris time.

à New York	à Paris
____ 1. Il est sept heures du matin.	a. Il est dix-sept heures vingt.
____ 2. Il est neuf heures et quart du soir.	b. Il est une heure de l'après-midi.
____ 3. Il est une heure et demie de l'après-midi.	c. Il est dix heures quarante-cinq du soir.
____ 4. Il est onze heures vingt du matin.	d. Il est dix-neuf heures trente.
____ 5. Il est cinq heures moins le quart de l'après-midi.	e. Il est trois heures et quart du matin.

Activité 3 Le temps

le	heures	il fait	c'est	vingt et un	l'automne
c'est	septembre	il est	deux	beau	c'est

Respond to the questions by selecting words from the box. Each word is to be used once.

1. Quelle est la date aujourd'hui? ______________________
2. Quelle saison est-ce? ______________________
3. Quel mois est-ce? ______________________
4. Quelle heure est-il? ______________________
5. Quel temps fait-il? ______________________

Nom ______________________________

Classe ____________________ Date ______________

B

Activité 1 Catégories de mots

Choose the category for each word.

a. jour	b. mois	c. saison	d. chiffre

____ 1. novembre
____ 2. samedi
____ 3. quinze
____ 4. été
____ 5. mille
____ 6. avril
____ 7. hiver
____ 8. vendredi
____ 9. jeudi
____ 10. printemps
____ 11. cinquante
____ 12. juillet

Activité 2 La date d'anniversaire

French revolutionaries are listed on the left from youngest to oldest. Match them with their birthdates.

____ 1. Danton
____ 2. Robespierre
____ 3. Mirabeau
____ 4. Marat

a. le vingt-quatre mai, mille sept cent quarante-trois
b. le vingt-six octobre, mille sept cent cinquante-neuf
c. le six mai, mille sept cent cinquante-huit
d. le neuf mars, mille sept cent quarante-neuf

Activité 3 L'intrus

For each activity, circle the expression that logically fits.

1. Je joue au hockey samedi. — C'est l'été. / Il fait froid. / Il est midi.
2. Je vais à un concert au stade. — Il neige. / Il est 1 h du matin. / C'est l'été.
3. Je fais une promenade à pied. — C'est le vingt. / C'est le printemps. / Il pleut.
4. Je regarde la télé tout le week-end. — Il pleut. / Il est 3h de l'après-midi. / Il fait beau.
5. Je prépare un examen d'histoire. — C'est le printemps. / C'est l'été. / Il est 7h du soir.
6. Je vais à la plage pour bronzer. — Il est 7h du soir. / Il fait chaud. / C'est l'hiver.

Nom ___________________________

Classe ___________________ Date ___________

Discovering FRENCH Nouveau!

BLANC

C

Activité 1 La population

Write in full the approximate populations of these cities in France.

1. Toulouse: 970 000 ___________________
2. Bordeaux: 930 000 ___________________
3. Strasbourg: 650 000 ___________________
4. Toulon: 560 000 ___________________

Activité 2 Combien?

Write the answer to the questions below, making sure you spell out the numbers.

1. Combien de jours y a-t-il en septembre? ___________________
2. Combien de semaines y a-t-il dans un mois? ___________________
3. Combien de semaines y a-t-il dans une année? ___________________
4. Combien de mois y a-t-il dans une saison? ___________________
5. Combien de saisons y a-t-il dans une année? ___________________

Activité 3 Quel temps fait-il?

Answer the question **Quel temps fait-il?** for these locations and seasons. Try to use each weather expression only once.

Quel temps fait-il d'habitude . . .

1. à Tahiti en été? ___________________
2. à Denver en hiver? ___________________
3. à Nice en automne? ___________________
4. à Boston en automne? ___________________
5. à Paris en automne? ___________________
6. en Martinique au printemps? ___________________

Nom ______________________________

Classe ____________________ Date ____________

Discovering FRENCH Nouveau!

BLANC

RAPPEL 2 Les choses de la vie courante

VOCABULAIRE

A

Activité 1 Objets et endroits de tous les jours

Fill in the blanks with the items that belong.

un magasin	un clavier	un quartier	une mobylette	une imprimante	une chemise

1.	un vélo	__________	une voiture
2.	un pantalon	un pull	__________
3.	un écran	__________	une souris
4.	__________	un ordinateur	un portable
5.	une ville	une maison	__________
6.	une boutique	__________	un centre commercial

Activité 2 Est-ce que c'est logique?

If the statement makes sense, circle **logique.** If it does not, circle **pas logique.**

1.	On trouve des livres au stade.	logique	pas logique
2.	On utilise des ordinateurs au ciné.	logique	pas logique
3.	On achète des vêtements au centre commercial.	logique	pas logique
4.	On apprend le français à l'église.	logique	pas logique
5.	On nage à la piscine.	logique	pas logique

Activité 3 L'emplacement

Select the word that correctly completes each sentence.

sous	sur	derrière	devant	à côté	sur

1. Les stylos sont __________ le bureau.
2. Le portable est __________ du lit.
3. Le chat est __________ le lit.
4. Les livres sont __________ le lit.
5. Le sac est __________ le lit.
6. Il n'y a rien __________ le lit.

Nom ______________________________

Classe ______________________ Date ______________

B

Activité 1 L'intrus

Circle the item you are not likely to find in the places shown.

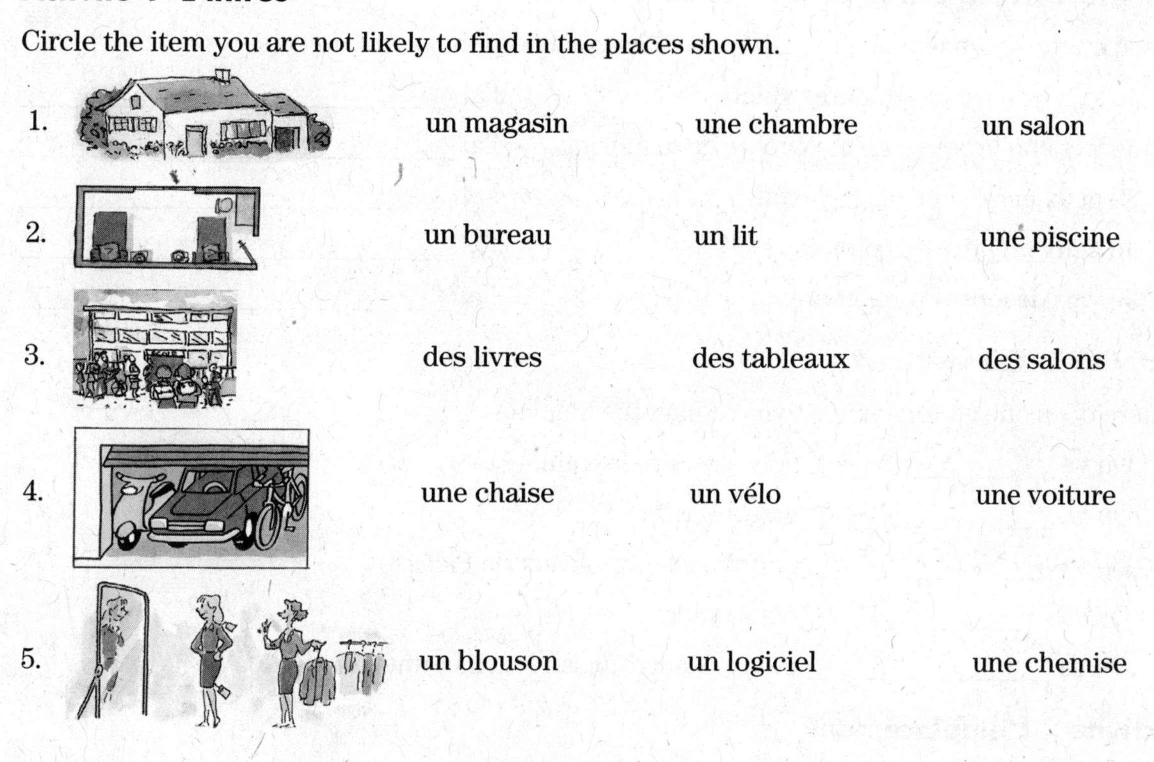

1. un magasin — une chambre — un salon
2. un bureau — un lit — une piscine
3. des livres — des tableaux — des salons
4. une chaise — un vélo — une voiture
5. un blouson — un logiciel — une chemise

Activité 2 Où va-t-on?

Where does one go for each activity? Fill in the blanks.

stade	plage	école
supermarché	centre commercial	bibliothèque

1. On va ______________ pour bronzer.
2. On va ______________ pour acheter du lait, des oeufs, et du jambon.
3. On va ______________ pour acheter des vêtements.
4. On va ______________ pour assister à un match de foot.
5. On va ______________ pour lire des livres.
6. On va ______________ pour apprendre les langues étrangères et les maths.

Activité 3 L'emplacement

Circle the words with the opposite meaning.

1. sur: sous — à côté — loin
2. derrière: à droite — devant — sur
3. à gauche: à côté — entre — à droite
4. près: loin — devant — à gauche

Nom ______________________________

Classe ____________________ Date ______________

C

Activité 1 Les affaires personnelles

Based on the statements below, fill in the blanks with the names of objects.

1. Je sais qu'il est trois heures vingt: J'ai ______________
2. Je fais une promenade et j'écoute de la musique: J'ai ______________
3. Je peux écrire une carte postale: J'ai ______________
4. Je peux prendre des photos: J'ai ______________
5. Je vais décorer ma chambre: J'ai ______________

Activité 2 Où va-t-on?

Where does one go for each activity? Fill in the blanks.

1. On va ______________ pour prendre le train.
2. On va ______________ pour bronzer.
3. On va ______________ pour voir des tableaux de Picasso.
4. On va ______________ pour dîner.
5. On va ______________ pour prendre un sandwich et une limonade.

Activité 3 L'emplacement

Write a statement describing each object's location in the picture, using as many different location words as possible.

1. L'ordinateur ______________
2. Le téléviseur ______________
3. Le clavier ______________
4. Les deux sacs ______________
5. Le sac noir ______________
6. Le portable ______________

GRAMMAIRE

A

Activité 1 En ville

Select the words that correctly complete the dialogues.

① un / une / des	② au / à l' / à la	③ ce / cette / ces

① —Je voudrais ________ sandwich et ________ limonade, s'il vous plaît.

—Bien. Et pour vous?

—Je vais prendre ________ omelette et ________ thé glacé.

② —Est-ce que tu vas ________ piscine, aujourd'hui?

—Non, je vais ________ bibliothèque puis ________ stade. Et toi?

—Moi, je vais ________ centre commercial.

③ —Qu'est-ce que tu penses de ________ robe?

—Elle est bien mais elle est chère! Prends plutôt ________ pantalon et ________ chemise.

Activité 2 La musique et le sport

Making each selection once from the box, fill in the blanks.

du	de la	du	au	aux

1. Le samedi, nous jouons ________ foot.
2. Est-ce que tu joues ________ piano?
3. Moi, je joue ________ violon et ________ guitare.
4. Pierre aime jouer ________ jeux d'ordinateur.

Activité 3 La possession

Circle the correct possessive adjective.

1. —Tu as *ta / ton* blouson? Il pleut un peu.

   —S'il pleut, je mets *mon / ma* imper.

2. —Regarde *mon / ma* tablette!

   —Bon, mais où sont *ton / tes* CD?

3. —Ce sont les jeux vidéo de *ton / tes* frères?

   —Oui, ce sont *leur / leurs* jeux.

4. —Ce sont *ton / tes* chiens? Ils sont mignons.

   —Oui, ce sont *mon / mes* chiens. Et voilà *mon / ma* chat aussi.

Nom ______________________________

Classe ______________________ Date ______________

B

Activité 1 Dialogues

Select the words that correctly complete these dialogues.

de	de la	du	quel	quelle	ce	cet	cette

1. —Prends-tu ________ fromage?
   —Non, merci, juste ________ glace.
2. ________ jeu préfères-tu?
   —Je préfère ________ jeu-ci.
3. —________ est la date?
   —Le 2 novembre.
4. —Il est à toi, ________ ordinateur?
   —Oui. Et ________ imprimante aussi.

Activité 2 La musique et le sport

Select the words that correctly complete these questions and statements.

au	à la	aux	du	de la

1. Est-ce que tu joues _____ cartes?
2. Vous aimez jouer _____ jeux d'ordinateur?
3. Tu joues bien _____ basket?
4. Je ne sais pas jouer _____ trompette.
5. Mais je joue bien _____ piano.
6. Mon frère et moi, nous aimons jouer _____ foot.

Activité 3 La possession

Using the visual cues, fill in the blanks with the correct possessive adjectives.

1. Ce sont ________ disques, ________ livres, et ________ caméra, n'est-ce-pas?
2. Ce sont ________ affiches, ________ ordinateur, et ________ chambre, n'est-ce-pas?
3. Ce sont ________ voitures, ________ quartier, et ________ maison, n'est-ce-pas?
4. Ce sont ________ livres, ________ stylo, et ________ sac, n'est-ce-pas?
5. Ce sont ________ lunettes, ________ blouson, ________ mobylette, n'est-ce-pas?

Nom ____

Classe ___________________________ Date ______________ ______________

Discovering FRENCH Nouveau!

BLANC

Reprise

Activités pour tous

C

Activité 1 Questions

Fill in the blanks with the correct articles and adjectives.

1. Tu préfères ________ pull-ci ou l'autre?
2. Tu veux ________ tarte-ci ou l'autre?
3. ________ heure est-il?
4. ________ temps fait-il?
5. Je vais au marché acheter ________ fruits.
6. J'ai ________ ordinateur à ________ maison.

Activité 2 La musique et le sport

Using the visual cues and **jouer à** or **jouer de,** tell what people do in their spare time.

1. Marc ______________________________.
2. Isabelle et Julie ______________________________.
3. Moi, je ______________________________.
4. Toi, tu ______________________________.
5. Et vous, ______________________________?

Activité 3 Des photos

A friend is showing you pictures of her house. Complete the sentences with the correct possessive adjectives.

1. Voici ________ chambre et ________ bureau, avec ________ ordinateur. Là, c'est ________ nouvelle raquette et ________ nouveau portable.
2. Ça, c'est la chambre de ________ frère. Ce sont ________ CD et ________ nouvelle guitare. Sur ________ lit, tu vois ________ livre de français. Et là, sur le mur, c'est ________ affiche du cosmos.

Nom ______________________________

Classe ______________________ Date ______________

Discovering FRENCH Nouveau!

BLANC

RAPPEL 3 Les activités

VOCABULAIRE

A

Activité 1 Nos activités

Fill in the blanks with the following verbs.

restes	rentres	travaillons	rangeons	réparez	achetez

1. Est-ce que tu ________ ici?
2. Est-ce que vous ________ du pain?
3. Nous ________ à la librairie.
4. Vous ________ votre bicyclette?
5. Nous ________ notre chambre.
6. Est-ce que tu ________ bientôt?

Activité 2 C'est la vie!

Using the visual cues and the verbs in the box, fill in the blanks.

réussis	choisis	grossissons	partez	sortons

1. 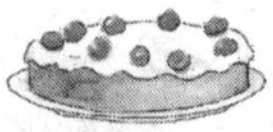 Quand nous mangeons trop de ________, nous ________.
2.  Quand je fais mes ________, je ________ toujours à l'examen.
3.  Quel ________ est-ce que je ________?
4.  À quelle ________ est-ce que vous ________?
5.  Est-ce que nous ________ ce ________?

Activité 3 Que de questions!

Select the question words that correctly complete these questions and fill in the blanks.

Où	À quelle heure	Qui	Pourquoi	Qu'est-ce que

1. ___________ est-ce que tu ________ ton petit déjeuner? (prendre)
2. ___________ est-ce que vous ________ le français? (apprendre)
3. ___________ vous ________? (faire)
4. ___________ veut ________ à la question? (répondre)
5. ___________ est-ce qu'on ________ des cartes? (vendre)

B

Activité 1 Nos activités

Fill in the blanks with the correct forms of the following verbs.

aimer	écouter	étudier	voyager	nager

1. Nous __________ tous les étés.
2. Est-ce que vous __________ tous les soirs?
3. __________-vous la pizza?
4. Mes parents __________ le match à la radio.
5. Nous __________ le samedi après-midi.

Activité 2 Tu crois?

Choose the lines of dialogue that best follow the comments on the left.

____ 1. —Il mange beaucoup de gâteaux.	a. —Elle veut maigrir, non?
____ 2. —Elle ne mange que des légumes.	b. —Il doit tout finir avant demain.
____ 3. —Il étudie beaucoup.	c. —Elle doit choisir . . .
____ 4. —Elle hésite entre le pull noir et le pull bleu.	d. —Il va grossir.
____ 5. —Il a beaucoup de travail!	e. —Il veut réussir à l'examen!

Activité 3 Faits et gestes

Fill in the blanks with the correct forms of the following verbs.

attendre	entendre	perdre	rendre visite à	répondre	vendre

1. J'écoute mais je n'__________ rien.
2. Éric n'est pas chez lui. J'appelle mais il ne __________ pas.
3. Est-ce que tu __________ tes amis? Tu __________ ton temps: ils sont partis.
4. Nous __________ nos grands-parents le dimanche après-midi.
5. Je __________ mes vieux CD.

Nom ______________________________

Classe ______________________ Date ______________

C

Activité 1 Qu'est-ce que tu fais?

Answer these questions with complete sentences.

1. Est-ce que tu préfères regarder la télé ou lire un livre? ______________
2. À une boum, est-ce que tu préfères parler ou danser? ______________
3. Qu'est-ce que tu fais pour aider tes parents? ______________
4. Si tu joues au tennis, est-ce que tu gagnes souvent? ______________

Activité 2 À vous de poser des questions!

Write questions that would call for these responses. (Hint: look at the words in bold type.)

1. Nous partons en vacances **en décembre.** ______________
2. Je sors de chez moi **à 7h du matin.** ______________
3. Je fais mes devoirs **dans ma chambre.** ______________
4. **Non,** je ne grossis pas beaucoup. ______________

Activité 3 Mes préférences . . .

Tell someone about things you like, dislike, or have to do, using these verbs or any other **–re** verbs you know.

attendre	entendre	perdre	rendre visite à	répondre à	vendre

1. Je n'aime pas ______________
2. Je voudrais ______________
3. Je ne veux pas ______________
4. Je dois ______________

Nom ______________________________

Classe ______________ Date ______________

Discovering FRENCH Nouveau!

BLANC

Reprise

Activités pour tous

GRAMMAIRE

A

Activité 1 Dialogues

Select the words that correctly complete the dialogues.

moi	toi	nous	vous	eux	elles

1. —Qui est au téléphone?
   —________! Je parle à Philippe.
2. —Pour qui est le gâteau?
   —Il est pour ________! Bon anniversaire!
3. —Le sac est à Christian?
   —Oui, il est à ________.
4. —Les pizzas sont pour tes amis?
   —Oui, elles sont pour ________.

Activité 2 Quel type de question?

First fill in the blanks. Then determine whether the questions are asking for a yes/no answer or for information.

1. Est-ce qu'ils ____________ en Italie? (aller) oui / non renseignement
2. Comment est-ce qu'ils ____________? (voyager) oui / non renseignement
3. Qu'est-ce que tu ____________? (prendre) oui / non renseignement
4. Qui ____________ le bus? (attendre) oui / non renseignement
5. Est-ce que tu ____________ au téléphone? (répondre) oui / non renseignement

Activité 3 Allez!

Change the statements into commands.

1. Nous attendons nos amis.

   ____
2. Tu manges tes légumes.

   ____
3. Vous nous répondez.

   ____
4. Tu écoutes la question.

   ____

Nom ______________________________

Classe ______________________ Date ______________

B

Activité 1 Les choses

Select the words that correctly complete the dialogues.

moi	toi	lui	elle	nous	vous	eux	elles

1. Je suis Évelyne. C'est mon ordinateur. Il est à ____________.
2. Voilà Romain. Ce sont ses affaires. Elles sont à ____________.
3. Cet appareil-photo est à mes parents. Il est à ____________.
4. Je te donne ce cadeau. Il est pour ____________.

Activité 2 À vous de poser des questions!

What are the questions that elicit these responses? Use the question words provided.

à quelle heure	où	à qui	qui	quel

1. —________________________?
   —Le film commence à 8 h 20.
2. —________________________?
   —Je vais au Canada cet été.
3. —________________________?
   —Il fait beau.
4. —________________________?
   —Je parle à Anna.
5. —________________________?
   —C'est Patrick.

Activité 3 Allez!

Using the visual cues, tell people what they should or should not do.

Modèle: ________Range________ ta chambre! (ranger)

1. Ne ____________ pas trop de gâteaux!
2. Ne ____________ pas trop la télé!
3. ____________-moi! Je te parle!
4. Ne ____________ pas cette course! Je veux gagner!
5. ____________ visite à tes grands-parents!

Nom ______________________________

Classe ______________________ Date ______________

Discovering FRENCH Nouveau!

BLANC

C

Activité 1 Vos habitudes

Answer the questions with complete sentences.

1. Est-ce que tu vas chez tes amis, le week-end?

____

2. Est-ce que tu fais la cuisine avec ta mère?

____

3. Est-ce que tu laves la voiture avec ton père?

____

4. À quelle heure est-ce que tu rentres chez toi?

____

Activité 2 À vous de poser des questions!

What questions would produce the following answers? It's your turn to ask them. (Hint: look at the words in bold type.)

1. ______________________ Je déjeune **à la cafétéria.**
2. ______________________ Ils dînent **à 7h30.**
3. ______________________ Elle parle **de ses problèmes.**
4. ______________________ Nous téléphonons **à nos amis** au Canada.
5. ______________________ **Parce que** je mange trop.

Activité 3 Allez!

Complete the dialogues below with verbs provided.

1. Est-ce que je peux **prendre** ce sandwich?

   —Mais oui, _______ -le!

2. —Tu **veux** boire quelque chose?

   —Non, je ne _______ rien boire.

3. —À qui **est** le stylo?

   —Il ___________ à moi! Merci.

4. —Qu'est-ce que tu **regardes**?

   —___________-ça! C'est un oiseau rare.

Nom ______________________________

Classe ____________________ Date ______________

REPRISE Entre amis

Lecture

A

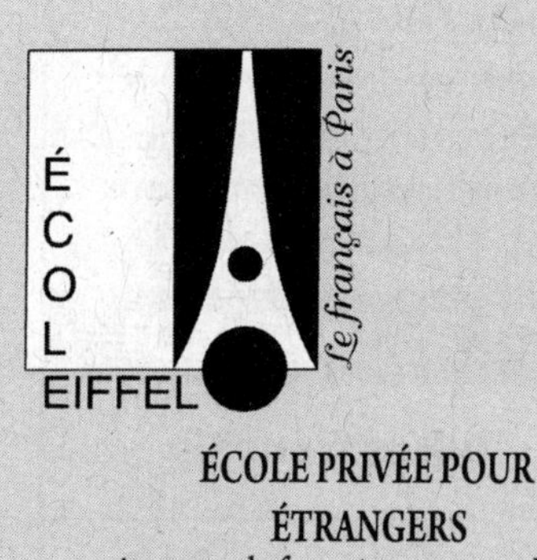

ÉCOLE PRIVÉE POUR ÉTRANGERS

Apprenez le français comme un Parisien

École ouverte toute l'année
Cours 2 ou 4 heures par jour
(4 ou 5 fois par semaine)
Cours du soir
Professeurs spécialisés, petits groupes
Service de logement
Activités culturelles

Exemples de prix :
10h par semaine. 4 semaines : 215€
20h par semaine. 4 semaines : 415€

15, rue du Bac
75014 PARIS

Compréhension

1. Quand est-ce que l'école est fermée?

   Elle ferme pendant les vacances. Elle ne ferme pas.

2. Combien d'heures par semaine durent les cours?

   4–5 heures 10–20 heures 20–26 heures

3. Combien de temps durent les cours?

   une semaine un mois un semestre

4. Est-ce que c'est une école publique ou privée?

5. Est-ce que les leçons sont privées? ______________________

Qu'est-ce que vous en pensez?

1. Que veut dire "logement"? ______________________
2. Que veut dire "étranger"? ______________________
3. Que veut dire "cours du soir"? ______________________

B

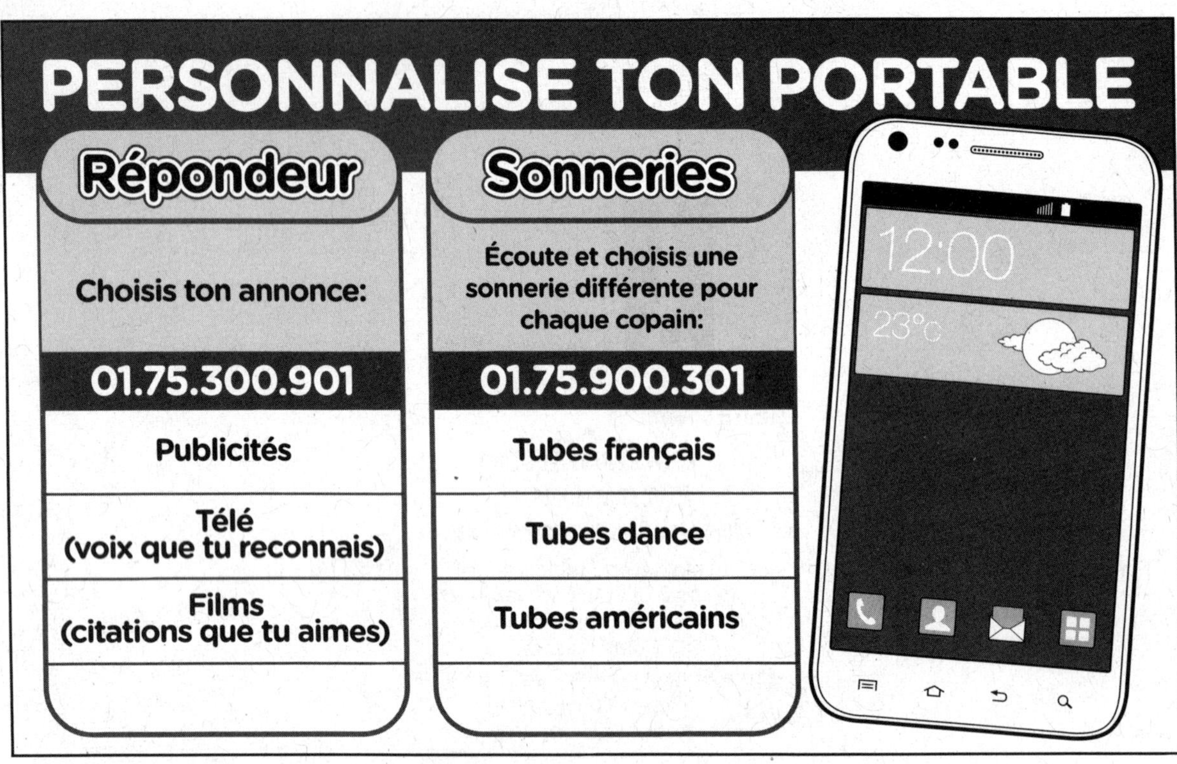

Compréhension

1. Que veut dire "personnalise"? ______________________
2. Qu'est-ce que c'est qu'un portable? ______________________
3. Qu'est-ce que c'est qu'un répondeur? ______________________
4. Qu'est-ce qu'on peut acheter ici pour un portable? ______________________
5. Qu'est-ce que c'est qu'une sonnerie? ______________________

Qu'est-ce que vous en pensez?

1. Que veut dire "tube"? ______________________
2. Pensez-vous que beaucoup de jeunes Français ont un portable? ______________________

Nom ______________________________

Classe ______________________ Date ______________

C

Comment se préparer à un examen ?

*Hélas ! il n'y a pas de **solution** miracle. Pour réussir ses **examens**, il faut bosser, **bosser** et rebosser. Mais rien ne sert de **courir** si vous n'êtes pas **préparé** à une course de longue haleine.*

1. Surveillez votre alimentation
2. Établissez un rétroplanning
3. Respectez votre horloge interne
4. Connaissez vos limites
5. Imposez-vous un rythme
6. Soignez votre forme
7. Réapprenez à jouer
8. Respectez votre sommeil

Compréhension

1. Un synonyme de «bosser» est:

   travailler jouer dormir

2. Les conseils tombent dans trois catégories principales: (a) bien manger, (b) bien s'organiser, et (c) bien se reposer. Mettez les titres dans la catégorie correcte.

   a. bien manger b. bien s'organiser c. bien se reposer

   ____ surveiller son alimentation ____ établir un rétroplanning

   ____ respecter son horloge interne ____ connaître ses limites

   ____ s'imposer un rythme ____ soigner sa forme

   ____ réapprendre à jouer ____ respecter son sommeil

3. Selon l'article, est-ce qu'il y a une solution au problème des examens?

   ____ Oui, si on s'organise.

   ____ Oui, si on mange peu et qu'on travaille beaucoup.

   ____ Non, il n'y a pas vraiment de solution.

Qu'est-ce que vous en pensez?

1. Que veut dire "horloge interne"? ______________________________
2. Que veut dire "surveiller" et "soigner"? ______________________________
3. Est-ce que vous êtes d'accord avec les conseils donnés? ______________________________

Nom ____

Classe ____________________ Date ____________

Discovering FRENCH Nouveau!

BLANC

LEÇON 1 Je me présente

A

Activité 1 Questions-réponses

Circle the most logical response.

1. Quel âge as-tu?
   a. Il est dix-huit heures. b. J'ai dix-huit ans.
2. Où est-ce que tu habites?
   a. Non, je n'habite pas ici. b. J'habite à Montréal.
3. Mme Dupuis, je vous présente Sandrine.
   a. Salut! b. Enchantée.
4. Est-ce que je pourrais parler à Olivier?
   a. Je suis désolé mais il n'est pas là. b. Il est là.
5. Où es-tu né?
   a. Je suis né à Nice. b. Je suis né en juin.

Activité 2 La famille

Fill in the blanks with selections from the box below.

enfants	mari	fils	fille	femme

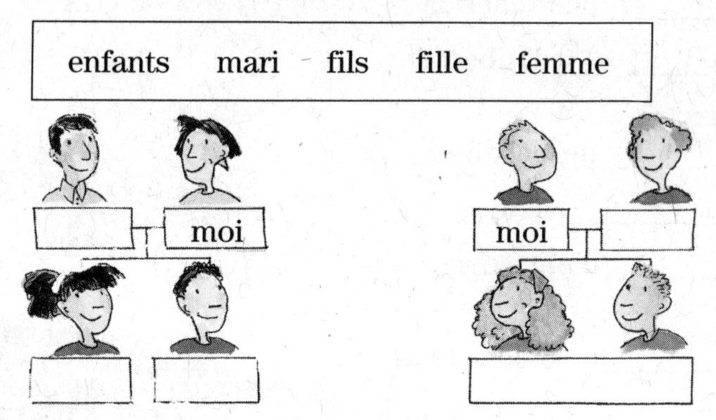

Activité 3 Les professions

Based on the visual cues can you name each profession? Select six out of the eight choices in the box and if you can, write down both the masculine and feminine forms.

pharmacien	cinéaste	chanteur	avocat
vétérinaire	informaticien	patron	femme d'affaires

1. ____________________
2. ____________________
3. ____________________
4. ____________________
5. ____________________

Nom ______________________________

Classe ____________________ Date ____________________

B

Activité 1 Phrases à compléter

Choose the most logical ending for each sentence.

____	1. Ma date de naissance est	a.	dans quinze minutes.
____	2. Je suis né à Séoul,	b.	mais j'habite à Québec.
____	3. Mon numéro de téléphone est	c.	le treize avril.
____	4. Un jour, je voudrais être	d.	patron de compagnie.
____	5. Je rappellerai	e.	le 01-43-38-06-74.
____	6. Je suis née à Montréal	f.	donc je suis coréen.

Activité 2 La famille

Look at the family tree and answer the questions below, with the help of the box if necessary.

grand-mère	belle-soeur	beau-père	mari	fils	beau-fils	nièce

1. Julie est la ____________ de Frédéric.
2. Maurice est le ____________ d'Albert et de Julie Mallet.
3. Jean est le ____________ de Martine.
4. Martine est la ____________ d'Alice.
5. Éric est le ____________ d'Alice et de Maurice.
6. Élodie est la ____________ de Jean et de Martine.
7. Albert est le ____________ de Martine.

Albert Julie
Maurice Alice Jean Martine
Élodie Éric Léa Frédéric

Activité 3 Les professions

Match the description with the job.

____	1. une personne qui fait des films	a.	un vétérinaire
____	2. une personne qui est forte en maths	b.	une informaticienne
____	3. une personne qui aime les animaux	c.	un cinéaste
____	4. une personne qui travaille avec les ordinateurs	d.	un journaliste
____	5. une personne qui écrit des articles	e.	un comptable

Nom ______________________________

Classe ____________________ Date ______________

C

Activité 1 Questionnaire

Answer the following questions with complete sentences.

1. Tu es de quelle nationalité? ______________________
2. Que fait ta mère ou ton père? ______________________
3. Qu'est-ce que tu voudrais être? ______________________
4. Quand est-ce que tu es né(e)? ______________________
5. Quel est ton numéro de téléphone? ______________________

Activité 2 La famille

Look at the family tree and complete the statements below.

1. Albert est le ____________ de Martine.
2. Maurice est le ____________ d'Alice.
3. Julie est la ____________ d'Albert.
4. Albert et Julie sont les ____________ d'Élodie et de Léa.
5. Jean est le ____________ de Maurice.
6. Frédéric est le ____________ d'Alice et de Maurice.
7. Élodie est la ____________ de Martine et de Jean.
8. Léa est la ____________ de Frédéric

Activité 3 Les professions

Write the name of a profession you would associate with the visual cues.

1. Ma cousine est ________________.
2. Mon cousin est ________________ de mode.
3. Mon oncle est ________________.
4. Je voudrais être ________________.
5. Papa est ________________ de compagnie.
6. Mon frère veut être ________________.
7. Ma soeur veut être ________________.

Nom ______________________________ Discovering FRENCH Nouveau!

Classe ____________________ Date ______________

BLANC

LEÇON 2 Armelle a un nouveau copain

A

Activité 1 Réponses

Circle the best response to each question.

1. À qui est ce chapeau? a. Il est à Nicole. b. C'est Nicole.
2. C'est un film génial. a. D'accord! b. Je suis d'accord!
3. Mais où est Marie-Laure? a. Elle est à l'heure. b. Elle est en retard.
4. Stéphane est encore en retard! a. Quel garçon paresseux! b. Quel garçon impatient!
5. Qu'est-ce que tu voudrais faire? a. Je vais écrire un mail. b. Je voudrais être écrivain.

Activité 2 Les adjectifs

Put the adjectives below in the feminine form. The items in the box will help you recall the rules.

-eux > -euse	-al > -ale	-if > -ive	-el > -elle	-on/-en > -onne/-enne

1. Il est sportif. Elle est __________ aussi.
2. Il est heureux. Elle n'est pas __________.
3. Il est mignon. Elle est __________ aussi.
4. Il est génial. Elle est __________ aussi.
5. Il est beau. Elle est __________ aussi.
6. Il est bon. Elle est __________ aussi.

Activité 3 *C'est* ou *il/elle est?*

Complete each sentence with either **c'est** or **il/elle est.**

1. Regarde le petit chat! __________ très mignon.
2. Votre bébé, __________ une fille ou un garçon?
3. —Qui est au téléphone? —__________ Papi.
4. Tu connais Christine? __________ géniale!
5. Regarde! __________ ma nouvelle voiture!

Nom ______________________________

Classe ______________________ Date ______________

B

Activité 1 Expressions avec *être*

Complete the short dialogue below using expressions with **être.** The box lists the various expressions you will need.

être à	être en avance / en retard	c'est	être en train de

—Salut, Bertrand! Qu'est-ce que tu fais?

—Je ______________ faire mes devoirs.

—______________ bien, ça! Je peux rester ici avec toi?

—Oui, si tu veux. Mais, tu n'______________ pour ton cours?

—Oh là là! ______________ vrai! Il est deux heures moins cinq! Au revoir!

—Attends! Ce cahier, il n'______________ toi?

—Si, merci! Je ne dois pas l'oublier!

Activité 2 Les adverbes

Complete the sentences with **très, trop,** or **assez.**

1. J'ai cent euros et ce pull coûte cent vingt euros. Il est __________ cher pour moi.
2. J'ai __________ faim: je vais prendre une petite salade et un demi-sandwich.
3. Nous avons __________ froid: il fait 25°F!
4. J'ai dix euros et mon déjeuner coûte huit euros. J'ai __________ d'argent.
5. Si je mange __________, je grossis.
6. C'est un cadeau? C'est vraiment __________ gentil!

Activité 3 *C'est* ou *il/elle est?*

Circle the words that best complete each sentence.

1. (C'est / Il est) un homme d'affaires (généreux / généreuse).
2. (C'est / Elle est) une copine (spirituel / spirituelle) et (génial / géniale).
3. (C'est / Il est) pénible, ce (petit / petite) garçon.
4. (C'est / Elle est) une voisine (curieux / curieuse).
5. (C'est / Il est) ennuyeux, ce (vieux / vieille) livre.

Nom ____

Classe __________________________ Date ________________

Discovering FRENCH *Nouveau!*

BLANC

C

Activité 1 Questions

Answer each question using an expression with **être.**

1. Est-ce que tu es toujours à l'heure?

____

2. Qu'est-ce que tu es en train de faire maintenant?

____

3. Est-ce que tu es d'accord avec la semaine de 35 heures en France?

____

4. Qu'est-ce que tu fais si tu es en retard pour le dîner?

____

Activité 2 Et Michèle?

Write sentences saying that Michèle is not like her brother Stéphane.

Stéphane Michèle

1. Stéphane est studieux. ______________________
2. Stéphane n'est pas actif. ______________________
3. Stéphane est très poli. ______________________
4. Stéphane est bon en maths. ______________________
5. Stéphane n'est pas très original. ______________________

Activité 3 Descriptions

Write two short sentences as in the model, making sure you properly use **c'est** or **il/elle est.**

Exemple:  Gisèle drôle *C'est Gisèle. Elle est drôle.*

1.  Minou mignon ______________________

2.  Pilou chien, petit ______________________

3.  Mme Albert prof ______________________

4.  Alain copain ______________________

5.  Marc canadien ______________________

LEÇON 3 Allons dans un café!

A

Activité 1 Expressions avec avoir

Complete the following dialogue with selections from the box. Whenever the sentence requires, add the verb **avoir** in its correct form.

faim	soif	tort	raison	chaud	froid

—Est-ce que tu __________? Tu veux un sandwich?

—Non, merci, je n'__________. Mais j'ai très __________. Tu as de la limonade?

—Bien sûr! Voilà.

—Tiens, j'ai un peu __________. Je peux fermer la fenêtre?

—Moi, j'__________. Tiens, voici un pull.

Activité 2 Expressions avec faire

Match each description with the correct expression with **faire.**

____ 1. On va au supermarché le samedi.

____ 2. J'aime beaucoup le sport.

____ 3. Elle lave les verres et les assiettes.

____ 4. Nous étudions l'anglais et l'espagnol.

____ 5. Il a besoin d'exercice.

a. Elle fait la vaisselle.

b. Il doit faire une promenade le soir.

c. Je fais du ski, du tennis et du basket.

d. On fait les courses.

e. Nous faisons des langues étrangères.

Activité 3 L'inversion

Circle the sentence that asks a question using inversion.

1. Tu t'appelles comment? / Comment t'appelles-tu? / Comment est-ce que tu t'appelles?
2. À qui est-ce qu'elle parle? / Elle parle à qui? / À qui parle-t-elle?
3. Tu perds ton match? / Perds-tu ton match? / Est-ce que tu perds ton match?
4. Tu as quel âge? / Quel âge as-tu? / Quel âge est-ce que tu as?
5. Est-ce que vous faites vos devoirs? / Vous faites vos devoirs, non? / Faites-vous vos devoirs?

Nom ______________________________ Discovering FRENCH Nouveau!

Classe ______________________ Date ______________

BLANC

B

Activité 1 Expressions avec avoir

Select the best response to each comment or question.

____ 1. Tu veux quelque chose à manger?
____ 2. Qu'est-ce que Laure va faire ce week-end?
____ 3. Regarde le grand chien là-bas!
____ 4. Nous n'avons pas de devoirs ce soir!
____ 5. Tu as l'air d'avoir soif.

a. Nous avons de la chance!
b. Oui, j'ai vraiment faim.
c. Oui, j'ai envie d'une limonade.
d. Je n'ai pas peur de lui.
e. Elle a l'intention d'aller au concert.

Activité 2 Que font-ils?

Select the expression with **faire** that you associate with the following items or activities and complete the sentences using the correct form of the verb.

faire une promenade à velo	faire les courses	faire du tennis
faire du foot	faire ses devoirs	faire un voyage

1. Nous ______________________________.
2. Je ______________________________.
3. Ma soeur ______________________________.
4. Mes cousins ______________________________.
5. Mon copain ______________________________.
6. Vous ______________________________?

Activité 3 L'inversion

Transform the questions below using inversion, according to the example.

Exemple: Est-ce que tu veux une glace? > Veux-tu une glace?

1. Est-ce que vous allez à la bibliothèque? ______________
2. Est-ce que tu fais souvent la cuisine? ______________
3. À quelle heure est-ce que tu rentres? ______________
4. Est-ce que Paul a besoin d'argent? ______________
5. Est-ce que Geneviève a faim? ______________

C

Activité 1 Expressions avec avoir

Complete each sentence using an expression with **avoir.**

1. Ils mangent un steak-frites, de la salade, et du fromage. Ils ____________________
2. Elle met son manteau et son chapeau. Elle ____________________
3. Vous voulez dormir un peu? Vous ____________________
4. Sylvie a un billet gratuit pour voir son groupe préféré. Elle ____________________
5. J'ai soif. J'____________________

Activité 2 Expressions avec faire

Answer the following questions using expressions with **faire** and the cues provided.

très	trop	assez	souvent	rarement

1. Est-ce que ta mère fait très bien la cuisine? ____________________
2. Est-ce que tu étudies assez? ____________________
3. Est-ce que tes copains font souvent du jogging? ____________________
4. Est-ce que vous allez souvent au cinéma? ____________________
5. Est-ce que ton père travaille trop? ____________________

Activité 3 L'inversion

Using inversion, write questions that would produce the following answers.

1. ____________________ J'habite à Boston.
2. ____________________ Oui, elle a un ordinateur.
3. ____________________ Non, il ne fait pas souvent la vaisselle.
4. ____________________ Oui, je joue souvent aux jeux d'ordinateur.
5. ____________________ Oui, nous finissons toujours nos devoirs.

Nom ____

Classe ______________________ Date ______________

Discovering FRENCH Nouveau!

BLANC

LEÇON 4 Ça, c'est drôle!

A

Activité 1 Qu'est-ce qu'ils vont faire?

Check the sentence that indicates that people are *going to do* the activity sometime soon.

1. ❑ On va au concert. ❑ On va aller au concert.
2. ❑ Tu vas acheter un jean. ❑ Tu achètes un jean.
3. ❑ Je cherche mon portable. ❑ Je vais chercher mon portable.
4. ❑ Nous allons aller au café. ❑ Nous allons au café.
5. ❑ Ils jouent au volley chez Daniel. ❑ Ils vont jouer au volley chez Daniel.

Activité 2 Venir de

First, enter the correct form of **venir.** Then, check the column to indicate whether the following people are *coming from* somewhere or *have just done* something.

	coming from	have just done
1. Nous __________ de dîner.	❑	❑
2. Je __________ de l'aéroport.	❑	❑
3. Il __________ de préparer son examen.	❑	❑
4. Elles __________ du match de foot.	❑	❑
5. Vous __________ de faire les courses.	❑	❑

Activité 3 Depuis quand?

Answer the questions below using **depuis** and the cues provided.

1. Depuis quelle heure Mathieu mange-t-il?
Il mange ________________.

2. Depuis quelle heure Caroline étudie-t-elle?
Elle étudie ________________.

3. AVRIL 1
Depuis quand Pascalou marche-t-il?
Il marche ________________.

4. MARS 4
Depuis quand avez-vous un chien?
Nous avons un chien ________________.

Nom ______________________________

Classe ______________________ Date ______________

B

Activité 1 Aller ou venir

Choosing between **aller** and **venir,** enter the correct form of the verb in each sentence.

1. Nous __________ de Los Angeles.
2. Est-ce que vous __________ en France cet été?
3. Ils __________ d'arriver à l'école.
4. Je __________ au café rencontrer mes copains.
5. Monique __________ de voyager au Sénégal.

Activité 2 Quand?

When did the following activities take place? If it is happening now, circle **présent,** if it has just been done, circle **passé,** and if it is going to happen, circle **futur.**

1. Elle va à la bibliothèque après l'école.	présent	passé	futur
2. Vous venez de finir vos devoirs?	présent	passé	futur
3. Je vais chercher ma nièce à la gare.	présent	passé	futur
4. Il vient de louer la voiture.	présent	passé	futur
5. Tu vas assister au concert samedi?	présent	passé	futur
6. Je viens de téléphoner à Marc.	présent	passé	futur

Activité 3 Depuis quand?

A lot of people came to Paris this year. Today is November 21. Indicate how long each has been in Paris by matching the two sides.

21 NOVEMBRE

____	1. Amélie / le vingt novembre	a. depuis une semaine
____	2. Nathalie et Pierre / le quatorze novembre	b. depuis plus d'un mois
____	3. M. et Mme Delmas / le premier novembre	c. depuis ce matin
____	4. Martine et Louis / le dix-huit octobre	d. depuis hier
____	5. André / le vingt et un novembre	e. depuis trois semaines

Nom ______________________________

Classe ______________________ Date ______________

Discovering FRENCH *Nouveau!*

B L A N C

C

Activité 1 Qu'est-ce qu'ils vont faire?

Based on the visual cues, write sentences telling what people *are going to do* over the weekend.

1. Elles ______________________________
2. Il ______________________________
3. Nous ______________________________
4. Tu ______________________________
5. Je ______________________________

Activité 2 Qu'est-ce qu'ils viennent de faire?

Based on the visual cues about where they were, tell what people *have just done.*

1. Sylvie ______________________________
2. Maman ______________________________
3. Mes amis ______________________________
4. BIBLIOTHÈQUE Nous ______________________________
5. Vous ______________________________
6. Les filles ______________________________

Activité 3 Questions

Answer the following questions using **depuis** and a length of time.

1. Depuis quand habites-tu dans ta ville? ______________________________
2. Depuis quand as-tu un ordinateur? ______________________________
3. Depuis quand fais-tu ton sport préféré? ______________________________
4. Depuis quand apprends-tu le français? ______________________________

Nom ____

Classe ______________________ Date ______________

UNITÉ 1 Reading Comprehension

Lecture

A

Le zodiaque chinois

Cochon Vous êtes ambitieux, tolérant, et quelquefois naïf. Vous faites un bon avocat ainsi qu'une bonne personnalité du show-business. Personnes célèbres: Steven Spielberg, David Letterman, Ronald Reagan.

Chien Vous êtes honnête et fidèle, mais vous avez beaucoup de soucis. Vous faites un bon homme d'affaires ou activiste. Personnes célèbres: Benjamin Franklin, Bill Clinton, Garth Brooks.

Coq Vous êtes franc, décidé, et un peu extravagant. Vous faites un bon propriétaire de restaurant ou agent de publicité. Personnes célèbres: Diane Sawyer, Tom Selleck.

Singe Vous avez de l'esprit et de l'intelligence. Les gens vous aiment bien et toutes les professions peuvent vous convenir. Personnes célèbres: Julius Caesar, Elizabeth Taylor, Tom Hanks.

Chèvre Vous êtes élégant et matérialiste. Il ne faut pas être trop pessimiste. Vous faites un bon acteur ou jardinier. Personnes célèbres: Mark Twain, Chevy Chase, Reba McEntire.

Cheval Vous êtes très travailleur. Vous êtes aussi très indépendant. Vous faites un bon scientifique ou explorateur. Personnes célèbres: Neil Armstrong, Davy Crockett, Barbara Streisand.

Rat Vous avez de l'imagination et vous êtes généreux. Vous faites un bon vendeur ou écrivain. Personnes célèbres: Mozart, George Washington, Jimmy Carter.

Buffle Vous inspirez la confiance et vous faites un bon leader. De bonnes professions pour vous sont: chirurgien ou général de guerre. Personnes célèbres: Napoléon, Colin Powell, Barbara Bush.

Tigre Vous êtes sensible et émotif, et un peu rebelle. Vous faites un bon patron ou pilote de course. Personnes célèbres: Dwight Eisenhower, Ted Turner, Joan Lunden.

Lapin Vous êtes gentil et affectueux, même un peu sentimental. Vous faites un bon avocat ou diplomate. Personnes célèbres: Huey Lewis, Michael Jordan, Julia Duffy.

Dragon Vous avez beaucoup de vitalité et d'enthousiasme. Quelquefois, vous demandez un peu trop des autres. Vous faites un bon artiste ou homme politique. Personnes célèbres: Tom Brokaw, Jack Nicklaus.

Serpent Vous êtes intuitif. Vous avez de la sagesse et du charme. Vous faites un bon écrivain ou professeur. Personnes célèbres: Abraham Lincoln, John F. Kennedy, Dick Clark.

Compréhension

1. Quel est l'animal qu'on fête cette année? Et l'année prochaine? ______________
2. Si vous êtes né sous le signe du lapin, quelle est une bonne profession pour vous?
   artiste avocat écrivain
3. Si vous êtes né sous le signe du tigre, quelle est une bonne profession pour vous?
   patron chirurgien explorateur
4. Les écrivains sont souvent nés sous quel signe?
   serpent cochon chien cheval
5. Faites correspondre le signe et sa qualité:

____ 1. serpent	a. pessimiste
____ 2. cheval	b. charmant
____ 3. singe	c. travailleur
____ 4. chèvre	d. spirituel

Qu'est-ce que vous en pensez?

1. Quelle est la différence entre le zodiaque chinois et occidental? ______________
2. Quel est votre signe? ______________
3. Êtes-vous d'accord avec votre description selon le zodiaque chinois? ______________

Nom ____

Classe ______________________ Date ______________

Discovering FRENCH Nouveau!

BLANC

B

Parlons avec les Maîtres de cérémonie de "Danse avec les stars"

À la fois glamour et sportive, c'est le genre d'émission jamais vue à la télévision française.

Q: Quel est le principe de *Danse avec les stars*?

R: C'est la version française de l'émission de la BBC. Elle réunit des célébrités de tous bords dans un concours de danse en couple. Au bras des professionnels, elles vont se mesurer chaque semaine sur le cha-cha-cha, le jive, le tango, la rumba…

Q: Ça va durer combien de semaines?

R: En tout, six semaines en direct, en public et avec un grand orchestre.

Q. Quel intérêt à entrer dans la danse pour les célébrités?

R: De relever un défi, de se dépasser, de remporter la victoire. Sans se prendre au sérieux, nos candidats travaillent sérieusement. Avant le premier direct, ils se sont entraînés. Certains ont pris des cours. Ils en veulent!

Compréhension

1. De quel pays est venue l'idée pour cette émission?

   les États-Unis   l'Angleterre   l'Allemagne

2. Qui danse dans l'émission?

   les professionnels seulement

   les athlètes seulement

   les gens de partout

3. Combien de semaines en tout cette émission va-t-elle durer?

   4 semaines   6 semaines   12 semaines

4. Est-ce que les candidats savent déjà danser?

   Oui, ils sont professionnels.

   Non, ils ne savent rien du tout.

   Certains ont pris des cours.

5. Est-ce que cette émission est comme beaucoup d'autres à la télé?

   Oui, il y a toujours des compétitions de danse à la télé.

   Oui, c'est comme la télé-réalité.

   Non, c'est quelque chose de nouveau.

Qu'est-ce que vous en pensez?

1. Que veut dire "direct"? ______________________________
2. Qui va être invité à danser? ______________________________
3. Est-ce qu'il y a un DJ? ______________________________

Nom ____

Classe ______________________________ Date ________________

C

Compréhension

1. Avant de lire, répondez à cette question:
   Êtes-vous facilement influencé(e) par les autres?
2. D'après ce test, moins de 3 points veut dire que vous êtes:

   assez influençable

   pas influençable du tout

   très influençable
3. D'après ce test, quel est l'inconvénient d'avoir plus de 7 points?

   trop influençable

   trop fermé(e) aux conseils des autres
4. D'après ce test, quel nombre de points montre un bon équilibre?

   1–3 points 4–6 points 7–9 points
5. D'après ce test, si on suit la mode, on est plutôt:

   influençable pas influençable

Qu'est-ce que vous en pensez?

1. Que veut dire "maître ou maîtresse de soi-même"? ______________________
2. Quel est un synonyme de "conseil"? __________
3. Que veut dire "faire le tri"? ________________

   ____

1] Quelle est ton attitude face à l'autorité?
a Rebelle.
b Disciplinée.

2] Qu'est-ce qui détermine le choix de tes vêtements?
a Tes goûts personnels.
b La mode.

3] Est-il important que ton copain ou ta copine plaise aussi à tes copains?
a Pas du tout.
b Oui, au moins un peu.

4] Quelle est l'importance de la publicité dans tes achats?
a Aucune importance.
b Cela influe sur tes choix.

5] Que penses-tu des gens qui ont un piercing?
a C'est banal.
b C'est original.

6] La télévision, c'est pour toi un moyen...
a ... de te détendre.
b ... de t'instruire.

7] En général, suis-tu les conseils que l'on te donne?
a Pas vraiment.
b Le plus souvent, oui.

8] Pour prendre les grandes décisions, tu préfères...
a ... ne faire confiance qu'à toi-même.
b ... demander conseil autour de toi.

9] Si tes copains te disent d'un film qui te fait très envie que c'est un navet...
a ... tu vas quand même le voir pour te faire une idée!
b ... tu les crois sur parole et tu n'iras pas le voir.

Résultats

1, 2 ou 3 réponses «a»
Tu es très influençable et tu dois apprendre à te fier davantage à ton opinion. Non pas que les conseils des autres soient toujours mauvais, mais il est très important d'être capable de juger de ce qui est bon ou pas pour soi sans avoir nécessairement recours à l'approbation d'autrui.

4, 5 ou 6 réponses «a»
Tu as confiance en toi et tu maîtrises bien tes décisions. Cela ne t'empêche pas pour autant de prêter une oreille attentive aux opinions des autres. À toi de faire le tri entre les bonnes et les mauvaises influences... Mais, quoi qu'il en soit, tu finis toujours par mettre ton bon sens dans la balance.

7, 8 ou 9 réponses «a»
Tu n'es certainement pas une personne influençable! On peut dire que tu maîtrises complètement tes choix et tes décisions. La question est de savoir si tu n'es pas un peu trop fermée aux avis d'autrui. Tu sais, il peut arriver aux autres aussi d'avoir de bonnes idées...

Nom ______________________________

Classe ____________________ Date ____________

Unité 2. Le week-end, enfin!

LEÇON 5 Les activités du week-end

A

Activité 1 Les endroits

Écrivez une activité sous chaque image.

assister à un match	ranger	faire des achats	voir un film	nager

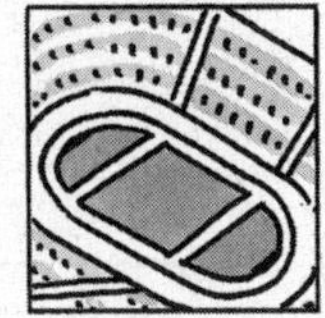

_______ _______ _______ _______ _______

Activité 2 Le week-end

Entourez la réponse la plus logique.

—Qu'est-ce que tu vas faire samedi?

—Je vais aller à pied. / *Je vais faire des achats.*

—Où vas-tu aller?

—Je vais prendre la direction Balard. / *Je vais aller au centre commercial des Halles.*

—Comment vas-tu aller là-bas?

—Je vais descendre à Opéra. / *Je vais prendre le bus.*

Activité 3 Les animaux

Sous chaque image, mettez le nom de l'animal.
C'est à vous d'ajouter l'article indéfini (un, une).

poule	lapin	cochon	cheval	oiseau	vache

_______ _______ _______ _______ _______ _______

Nom ______________________________ Discovering FRENCH Nouveau!

Classe ______________________ Date ______________

BLANC

B

Activité 1 Équivalences

Faites correspondre les activités équivalentes.

___ 1. On va bronzer à la plage.
___ 2. On va aider nos parents.
___ 3. Elle va rencontrer des copains au café.
___ 4. Elle va dans les magasins.
___ 5. On va rester à la maison.

a. Karine fait des achats.
b. Nous allons prendre un bain de soleil.
c. Nous n'allons pas sortir.
d. Isabelle va retrouver des amis en ville.
e. Nous allons nettoyer le garage.

Activité 2 Les endroits

Complétez les phrases suivantes.

plage	stade	maison	ferme	piscine

1. Pour [nager], on va ______________________.
2. Pour [jouer au foot], on va ______________________.
3. Pour [bronzer], on va ______________________.
4. Pour voir [un lapin, une poule], on visite ______________________.
5. Pour [regarder la télé], on reste ______________________.

Activité 3 L'intrus

Mettez un cercle autour du mot qui ne va pas avec les autres.

1.	la rivière	la fleur	le lac
2.	le poisson	le champ	la prairie
3.	le canard	l'arbre	la poule
4.	la vache	la forêt	l'arbre
5.	le lapin	l'écureuil	la feuille
6.	le billet	le stade	le ticket
7.	monter	marcher	aller à pied
8.	à la plage	à la campagne	à la maison

Nom ______________________________

Classe ____________________ Date ______________

Discovering FRENCH Nouveau!

BLANC

C

Activité 1 Questions

Répondez aux questions suivantes.

1. Comment est-ce que tu vas en ville?

   ____

2. Où est-ce que tu retrouves tes copains?

   ____

3. Quand tu vas au centre commercial, qu'est-ce que tu achètes?

   ____

4. Qu'est-ce que tu fais pour aider tes parents?

   ____

Activité 2 Les endroits

Décrivez ce que tu fais dans les endroits suivants.

1. ______________________________

2. ______________________________

3. ______________________________

4. ______________________________

Activité 3 La faune et la flore

Écrivez deux choses ou deux animaux que vous pouvez trouver dans les endroits suivants. Utilisez chaque mot une fois seulement.

1. un lac: ______________ ______________
2. le garage: ______________ ______________
3. une ferme: ______________ ______________
4. un arbre: ______________ ______________
5. la montagne: ______________ ______________

Nom ______________________________

Classe ____________________ Date ______________

Discovering FRENCH Nouveau!

BLANC

LEÇON 6 Pierre a un rendez-vous

A

Activité 1 Hier aussi

Complétez les phrases au passé composé.

D'habitude . . .	Hier aussi, . . .
1. je finis mes devoirs avant le dîner.	j'ai ____________ mes devoirs avant le dîner.
2. nous dînons à 20h.	nous avons ____________ à 20h.
3. mes parents prennent le café dans le jardin.	mes parents ont ____________ le café dans le jardin.
4. je lis après le dîner.	j'ai ____________ après le dîner.

Activité 2 Dialogues

Faites correspondre les questions et les réponses.

___ 1. — Est-ce que Mireille a aidé ses parents?

___ 2. — Est-ce que vous avez réussi à l'examen?

___ 3. — Est-ce que tu es déjà allé là?

___ 4. — Est-ce que vous avez joué au volley hier?

___ 5. — Est-ce que tu as acheté un nouveau pull?

a. — Non, parce que nous n'avons pas étudié.

b. — Non, je ne suis jamais allé là.

c. — Non, elle n'a pas rangé le salon.

d. — Non, je n'ai pas été au centre commercial.

e. — Oui, mais nous n'avons pas gagné le match.

Activité 3 À la maison et à l'école

Mettez un cercle autour du verbe qui correspond à la phrase.

1. Nous *apprenons / comprenons* à parler français.
2. Je n'ai pas *pris / compris* la question.
3. Est-ce que vous *prenez / apprenez* du thé ou du café?
4. Pourquoi est-ce que tu *mets / permets* la radio si fort? J'étudie!
5. Elle ne *permet / promet* pas à sa petite soeur d'entrer dans sa chambre.

Nom ____

Classe ______________________ Date ______________

Discovering FRENCH Nouveau!

BLANC

B

Activité 1 Hier, aujourd'hui ou demain?

Décidez si les phrases suivantes parlent d'hier, d'aujourd'hui ou de demain.

	Hier	Aujourd'hui	Demain
1. J'attends mon copain depuis quinze minutes.			
2. Ils ont suivi le match à la radio.			
3. Est-ce que tu vas travailler samedi soir?			
4. Elle a déjà fait ses devoirs.			
5. Nous allons partir en vacances.			

Activité 2 Équivalences

En réponse aux phrases suivantes, décidez s'il faut mettre la négation ou pas.

1. — Éric a mangé beaucoup de gâteaux.
   — Il ____________ a sûrement ____________ maigri.
2. — Les élèves n'ont pas étudié.
   — Ils ____________ ont sûrement ____________ réussi à l'examen.
3. — Nous avons très mal joué au tennis.
   — Vous ____________ avez sûrement ____________ perdu le match.
4. — Mme Delorme a passé l'après-midi dans le jardin.
   – Elle ____________ a sûrement ____________ entendu le téléphone.

Activité 3 Dialogue

Complétez les phrases en choisissant et en conjugant les verbes.

prendre	apprendre	comprendre	mettre	promettre

1. Je ____________ souvent ce [pull] quand il fait très froid.
2.  Paul ne ____________ pas le français.
3.  Sylvie ____________ d'être à l'heure à son rendez-vous.
4. Elle doit ____________ à [skier] si elle veut venir à la montagne avec nous.
5.  Nous ____________ toujours des photos pendant les vacances.

Nom ______________________________

Classe ____________________ Date ____________ ____________

Discovering FRENCH Nouveau!

BLANC

C

Activité 1 Déjà

Répondez aux questions suivantes en utilisant **déjà** et le passé composé.

1. — Est-ce que vous allez jouer au tennis?
   — Non, nous ______________________.
2. — Est-ce que tu vas prendre du thé?
   — Non, j'______________________.
3. — Est-ce que tes amis vont voir un film?
   — Non, ils ______________________.
4. — Est-ce que tu vas lire ce livre?
   — Non, j' ______________________.

Activité 2 Ce n'est pas vrai!

Répondez de manière négative, en utilisant **ne . . . pas** ou **ne . . . jamais.**

1. — Est-ce que tu as mangé tout le gâteau?
   — Ah non, ______________________.
2. — Est-ce que vous dînez à 21h30 ce soir?
   — Non, ______________________.
3. — Est-ce que Nicole va être patiente?
   — Non, ______________________.
4. — Est-ce que tes amis ont perdu le match?
   — Non, ______________________.

Activité 3 À vous la parole!

Regardez les illustrations et écrivez des phrases complètes.

1. ______________________
2. ______________________
3. ______________________
4. ______________________

Nom ______________________________

Classe ____________________ Date ____________

Discovering FRENCH Nouveau!

BLANC

LEÇON 7 Les achats de Corinne

A

Activité 1 Tu vois?

Complétez les phrases avec la forme correcte du verbe **voir.**

— Quand est-ce que vous allez ______________ le film?
— Ce soir, à 8h. Tu veux venir avec nous?
— Non, j'ai déjà ______________ ce film. Il est très bon.

— Vous ______________ l'homme là-bas?
— Non, nous ne ______________ personne.
— Tiens? Moi, je ______________ un homme et c'est Tom Cruise.

Activité 2 Personne ou rien?

Entourez la réponse logique.

1. Qu'est-ce que tu vois? a. Je ne vois rien. b. Je ne vois personne.
2. Qui est-ce qui a fait ça? a. Personne. b. Rien.
3. Et ça, c'est à qui? a. Ce n'est à personne. b. Ce n'est rien.
4. Et ça, qu'est-ce que c'est? a. Ce n'est personne. b. Ce n'est rien.

Activité 3 Quand ça?

Regardez les petites cases puis complétez les phrases avec la forme correcte du verbe **aller.**

avant	aujourd'hui	plus tard	
❑	☒	❑	1. Je ______________ à la bibliothèque.
❑	❑	☒	2. Tu ______________ voir le match au stade?
☒	❑	❑	3. Il ______________ au café hier après-midi.
☒	❑	❑	4. Lise et moi ______________ au ciné samedi dernier.
❑	❑	☒	5. Elles ______________ au musée lundi prochain.
❑	☒	❑	6. Nous n' ______________ pas à l'école aujourd'hui.

Nom ______________________ Discovering FRENCH Nouveau!

Classe ______________ Date ______________

BLANC

B

Activité 1 C'est à voir.

Complétez les dialogues avec la forme correcte de **voir** et le nom de la chose illustrée.

1. — Qu'est-ce que tu ______________ pendant tes vacances?
   — J' ______________ la ______________!
2. — Vous ______________ le ______________ là-bas?
   — Oui, je le ______________. Il est à mes nouveaux voisins.
3. — Je n'______________ de lecteur MP3 bon marché au magasin.
   — Ah bon? Tu ______________ beaucoup de baladeurs au centre commercial.

Activité 2 Personne? Rien? Jamais?

Quelle expression négative utilisez-vous pour répondre aux questions suivantes? **Personne, rien** ou **jamais?** Faites des phrases complètes.

1. Qui a attendu après l'école? ______________
2. Est-ce que tu as déjà ? ______________
3. Qu'est-ce qu'il regarde par ? ______________
4. Est-ce qu'il y a quelqu'un à ? ______________
5. Est-ce que tu as quelque chose? ______________

Activité 3 Tout le monde est allé quelque part.

Entourez la forme du verbe **aller** qui convient le mieux dans chaque phrase.

1. Nous *allons aller / allons / sommes allés* au café demain.
2. Marie et Hélène *sont allées / vont / vont aller* chez leur copine hier.
3. Vous *allez aller / êtes allés / allez* être en vacances le mois prochain?
4. Je *suis allé / vais / vais aller* à Bruxelles pour rendre visite à ma tante la semaine dernière.
5. Tu *vas aller / es allé / vas* retrouver tes amis au café aujourd'hui?

C

Activité 1 Ah bon? Déjà?

Répondez aux questions en utilisant **déjà** et le passé composé. Faites des phrases complètes!

1. — Est-ce que vous allez ?
   — ___
2. — Est-ce que tu vas ?
   — ___
3. — Est-ce que Steve et Natasha vont ?
   — ___
4. — Est-ce que Patricia va ?
   — ___

Activité 2 Non . . .

Répondez aux questions de manière négative.

— Qu'est-ce que tu as regardé hier?
— ___
— Ah bon? Alors, qu'est-ce que tu as fait?
— ___

— Est-ce que tu as vu Léa en ville?
— ___
— Ah, bon. Et ce soir, tu vas voir des amis?
— ___

Activité 3 Où ça?

Regardez les illustrations et dites où chacun est allé.

1. nous — Hier, ___.
2. Élodie — L'été dernier, ___.
3. moi — Avant-hier, ___.
4. parents — Hier soir, ___.

LEÇON 8 Tu es sorti?

A

Activité 1 Dialogues

Complétez les phrases avec la forme correcte de **partir, sortir** ou **dormir.**

1. — Où pars-tu?

   — Je ____________ pour la gare.

2. — Est-ce que tu vas sortir?

   — Oui, je voudrais bien ____________ ce soir.

   — Mais, tu n'es pas un peu fatigué?

   — Oui, mais je peux ____________ plus tard!

3. — Est-ce qu'Isabelle va partir bientôt?

   — Mais non, elle est déjà ____________!

4. — Vous ____________ maintenant?

   — Oui, enfin, nous allons sortir.

Activité 2 Le participe passé

Mettez un cercle autour de la phrase qui est en accord avec l'image.

1. Il est resté. | Elle est restée. | Elles sont restées.
2. Vous êtes venus. | Vous êtes venues. | Vous êtes venu.
3. Ils sont partis. | Elles sont parties. | Elle est partie.
4. 
   Elles sont rentrées. | Ils sont rentrés. | Il est rentré.

Activité 3 Non, merci!

Un copain vous téléphone dimanche. Complétez le dialogue en utilisant **il y a, hier** ou **avant-hier.**

— Tu veux aller à la piscine?

— Non, j'y suis allé ____________ jours.

— Alors, tu veux aller voir un film?

— Euh, j'ai fait ça ____________ jours.

— Bon, alors tu veux aller au restaurant?

— J'y suis allé ____________.

— Au stade, alors!

— Bof, j'ai été au stade ____________!

lundi	28/9	
mardi	29/9	
mercredi	30/9	piscine
jeudi	1/10	film
vendredi	2/10	restaurant
samedi	3/10	stade
dimanche	4/10	

Nom ____

Classe ______________________________ Date ______________

Discovering FRENCH Nouveau!

BLANC

B

Activité 1 Le week-end

Complétez les phrases avec la forme correcte des verbes **partir, sortir** et **dormir.**

D'habitude, le samedi soir, mes copains et moi, nous ____________. Albert ____________ avec sa copine Hélène. Marc et Antoine ____________ avec leurs copines et moi, je ____________ avec Didier. Mais le week-end dernier, il y a eu des problèmes. Hélène n'____________ parce qu'elle était fatiguée; elle ____________ toute la journée. Marc et Antoine ____________ avec leurs copines parce qu'elles ____________ en vacances. Mais moi, je ____________ avec Didier et on a vu un bon film. Ce week-end, nous allons faire un voyage en famille mais nous ____________ à des heures différentes. Moi, je ____________ à 7h30 du matin avec ma mère, mes soeurs ____________ le soir avec mon père.

Activité 2 Les activités de chacun

Faites des phrases avec un verbe auxiliaire de la colonne A et un participe passé de la colonne B.

A	B	
suis	venus écouter des CD	1. Nous ______________________________.
es	monté à Étoile	2. Olivier ______________________________.
est	parties en vacances	3. Claudine et Anna ______________________________.
sommes	revenue de vacances	4. Moi, je ______________________________.
sont	tombés de cheval	5. Brigitte et Paul ______________________________.

Activité 3 Il y a combien de temps?

Choisissez la réponse logique.

___ 1. Quand es-tu né(e)?

___ 2. Quand est-ce que les États-Unis ont été établis?

___ 3. Quand est-ce que ta mère a acheté du pain?

___ 4. Quand est-ce que John F. Kennedy est mort?

___ 5. Quand est-ce que la rentrée a commencé?

a. Il y a plus de quarante ans.

b. Il y a seize ans.

c. Il y a un mois et demi.

d. Il y a deux jours.

e. Il y a plus de deux cent ans.

Nom ______________________________

Classe ____________________ Date ____________

C

Activité 1 Des questions

Répondez aux questions.

1. Combien d'heures dors-tu, d'habitude? Et hier?
   ____
2. Combien de fois par semaine sors-tu avec tes amis? Et la semaine dernière?
   ____
3. Avec ta famille, quand pars-tu en vacances en été? Et l'été dernier?
   ____

Activité 2 Hier et aujourd'hui

Mettez les phrases au passé composé.

1. Je vais aller à un match de foot ______________________________
2. Nous allons descendre en ville. ______________________________
3. Claire ne va pas rentrer à cinq heures. ______________________________
4. Isabelle et Sophie ne vont pas venir ce soir. ______________________________

Activité 3 Il y a combien de temps?

Répondez aux questions avec **il y a** et une expression de temps. Faites des phrases complètes!

1. Quand as-tu acheté ton 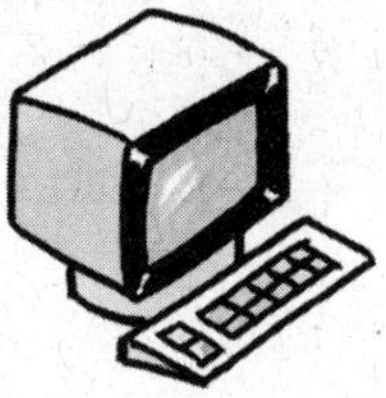 ? ______________________________
2. Quand as-tu 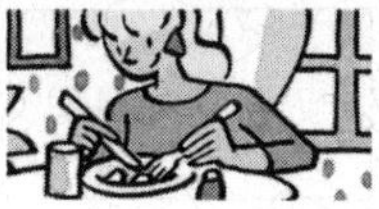 ? ______________________________
3. Quand as-tu fêté ton 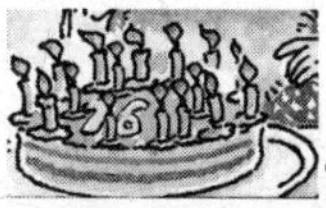 ? ______________________________
4. Quand as-tu commencé 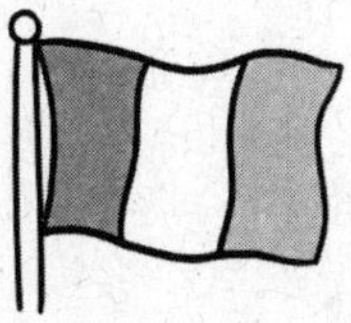 ? ______________________________

Nom ______________________

Classe ______________ Date ______________

Discovering FRENCH Nouveau!

BLANC

UNITÉ 2 Le week-end enfin!

Lecture

A

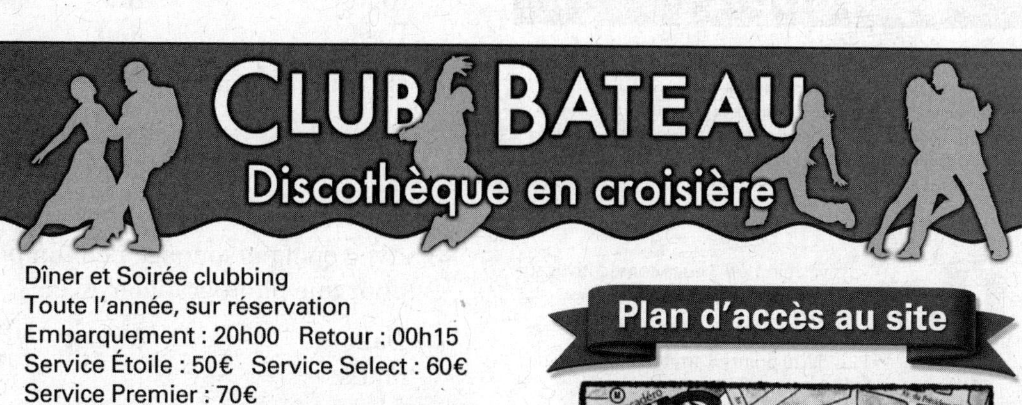

CLUB BATEAU
Discothèque en croisière
Dîner et Soirée clubbing
Toute l'année, sur réservation
Embarquement : 20h00 Retour : 00h15
Service Étoile : 50€ Service Select : 60€
Service Premier : 70€
Nouvelle edition de la fête SALSA KINGS
ce vendredi soir au Club Bateau
Ces prix pourront être modifiés sans préavis. Tenue correcte exigée, ni jean, ni baskets.
Plan d'accès au site
Trocadéro
La Seine
Quai Branly
Port de La Bourdonnais
Port de Suffren
Bir-Hakeim
Champ de Mars Tour Eiffel
• Le Café Borinquen : Pour les fans de danses latines, notre restaurant à quai vous offre des soirées latinos. Plats typiques et groupes de salsa le vendredi et le samedi.
• Un parking gratuit.
• Un bureau de change.
• Une terrasse estivale et dancefloor découvert/en plein air.
• Buffet de qualité à volonté le dimanche de 11h00 à 14h00.

Compréhension

1. Près de quel monument parisien prend-on le bateau? ______________
2. Quelles sont les deux activités qu'on peut faire en croisière?

   ____
3. Faut-il faire une réservation?

   Oui, le week-end. Non, jamais. Oui, toujours.
4. À quelle heure part la soirée en croisière?

   12h15 14h45 20h00 23h00
5. Combien de temps dure la soirée en croisière? ______________
6. Qu'est-ce que les touristes peuvent faire en attendant le bateau?

   ____

Qu'est-ce que vous en pensez?

1. Comment dit-on **without any prior notification** en français?

   ____
2. L'expression **Tenue correcte exigée, ni jean ni baskets** veut dire, en anglais:

   ____

Nom ______________________________

Classe ______________________ Date ______________

B

PARIS À Minuit

3 circuits pour découvrir le Paris nocturne que vous aimez...historique, romantique, ou le Paris des artistes! Montez et descendez librement sur tout le parcours pour tout visiter, pour tout voir à votre rythme. Profitez d'une vue exceptionnelle depuis le pont supérieur du bus sous les étoiles. C'est unique, c'est Paris à minuit!

- Pass valable 1 ou 2 nuits consécutives sur les 3 circuits.
- Fréquence des bus: de 10 à 30 mn.
- Plus de 20 points d'arrêt tout au long des circuits.
- Commentaire original en français et en anglais.
- Écouteurs remis à chaque passager
- 7 nuits sur 7 toute l'année
- Personnages historiques à chaque arrêt:
  Salvador Dalí
  Picasso
  Gertrude Stein
  Toulouse Lautrec
  Ernest Hemingway
  Luis Buñuel

Photographie avec une personnage au Café des Artistes: 10 EUROS

Compréhension

1. Quel est un synonyme de **circuit?**

   route   rue
   Pass   jour

2. Qu'est-ce qu'on peut voir?

   les étoiles   la campagne
   les acteurs   une vue
   un café

3. Avec quel personnage peut-on poser pour une photographie? Avec...

   Dali   Monet
   Matisse

4. Quels sont les trois circuits de **Paris à Minuit?**

   ____

5. Combien de fois peut-on descendre sur le circuit?

   ____

6. Quand est-ce que **Paris à Minuit** est fermé?

   ____

Qu'est-ce que vous en pensez?

1. Comment dit-on "valid" en français?

   ____

2. Que veut dire **personnage?**

   ____

C

AFFICHES-CINÉMA

Affiches–cinéma vous propose des actualités cinéma, les dernières sorties cinéma, les bandes annonces, les horaires et programmes des salles de cinéma dans votre ville. Découvrez également notre catalogue de 5000 DVD en vente ou en location.

*Cinéma dans votre ville

Recherchez un film, un acteur, une salle

OK (CLIQUER)

Salles de Cinéma en France

- Bordeaux
- Marseille
- Grenoble
- Montpellier
- Lyon
- Rennes
- Paris
- Strasbourg
- Nantes
- Toulouse
- Autres villes

*À mon avis

Donnez-nous votre avis! Veuillez nous soumettre ce formulaire pour donner votre critique sur le film?

Nom ou Pseudo :

Email :

Commentaire :

Code d' inscription :

*Les dernières sorties en DVD

HUNGER GAMES
Realisé par: Gary Ross
Avec: Brooke Bundy
Genre: Action
Durée: 2h22min
Film: Américain

L'ambiance est futuriste, une fille est obligée de se battre pour un événement annuel télévisé, "The Hunger Games". Pour survivre dans cette dystopie, Kat doit "tuer ou être tuée".

THE HUNGER GAMES

LA DAME EN NOIR
Realisé par: James Watkins
Avec: Daniel Radcliffe
Genre: Drame
Durée: 1h35min
Film: Britannique, canadien, suédois

Quand Arthur Kipps, un jeune notaire veuf est envoyé dans un village isolé en Angleterre pour mettre en ordre les affaires d'une femme défunte, il découvre que le destin tragique de plusieurs enfants est lié à l'apparition d'une femme en noir.

LA DAME EN NOIR

30° COULEUR
Realisé par: Lucien Jean-Baptiste, Phillip Larue
Avec: Lucien Jean-Baptiste
Genre: Comédie
Durée: 1h32min
Film: Français

Patrick a quitté la Martinique de son enfance pour faire ses études en France. Trente ans plus tard, quand il apprend que sa mère est sur le point de mourir, Patrick retrouve une Martinique en plein Carnaval : trois jours de folie et d'émotion qui vont changer sa vie.

30° COULEUR

Compréhension

1. Où faut-il s'inscrire pour donner sa critique sur un film? ______________________
2. Où peut-on aussi acheter les DVD ? ______________________
3. Sur quoi est-ce que "Les affiches" donnent des informations? ______________________
____
4. Est-ce que vous pouvez trouver une salle de cinéma en Italie? ______________________
5. Quels sont les dernières sorties en DVD? ______________________
6. Est-ce qu'il y a un film en DVD qui a été réalisé dans un pays francophone?
____

Qu'est-ce que vous en pensez?

1. Quel genre de film va-t-on regarder si on choisit ***Hunger Games?*** ______________________
2. Quelle est la profession d'Arthur Kipps dans le film ***La Dame en Noir?***?
____
3. Quelle fête voit-on dans le film ***30° Couleur***? ______________________

Unité 3. Bon appétit!

LEÇON 9 La nourriture et les boissons

A

Activité 1 L'intrus

Mettez un cercle autour du mot qui ne va pas avec les autres.

1. le verre	l'addition	la tasse	
2. l'omelette	le chocolat	le thé	
3. le thon	le veau	la sole	
4. le couteau	la fourchette	la boisson	
5. le jambon	la poire	la cerise	
6. le fromage	le gâteau	la tarte	
7. le sel	le porc	le poivre	
8. le poulet	la pomme	le pamplemousse	

Activité 2 Avant ou après?

Écrivez le numéro **(1, 2 ou 3)** qui indique l'ordre habituel des repas et des aliments.

1. ____ le dîner ____ le petit déjeuner ____ le déjeuner
2. ____ le gâteau ____ le veau ____ le hors-d'oeuvre
3. ____ la salade ____ le fromage ____ la viande
4. ____ le poisson ____ la soupe ____ la salade

Activité 3 Les repas

Identifiez les aliments. Sont-ils plutôt servis au petit déjeuner (a) ou au dîner (b)?

____ 1. 
____

____ 2. 
____

____ 3. 
____

____ 4. 
____

____ 5. 
____

____ 6.
____

Nom ______________________________ Discovering FRENCH Nouveau!

Classe ______________________ Date ______________ BLANC

B

Activité 1 Les aliments

Mettez un cercle autour des deux aliments qui appartiennent à chaque catégorie.

1. Les hors-d'œuvre:	le jambon	la sole	la soupe	le poivre
2. La viande:	le poulet	le riz	le lait	le porc
3. Le poisson:	la mayonnaise	le saumon	le sucre	le thon
4. Le dessert:	le gâteau	le fromage	la tarte	le céleri
5. Les boissons:	le jus de raisin	l'eau	l'omelette	la glace

Activité 2 Les aliments

Identifiez et classez les aliments par catégorie: **a. ingrédients, b. plats, c. fruits ou d. légumes.**

____ 1. ______________ ____ 2: ______________ ____ 3. ______________

____ 4. ______________ ____ 5. ______________ ____ 6. ______________

____ 7. ______________ ____ 8. ______________ ____ 9. ______________

Activité 3 Dialogues

Faites correspondre les questions et les réponses.

____ 1. —Vous désirez, madame?	a. —Ça fait trois euros trente.
____ 2. —Et comme boisson?	b. —De l'eau minérale, s'il vous plaît.
____ 3. —Quel est ton plat préféré?	c. —Non, je n'aime pas tellement le poisson.
____ 4. —Ça fait combien, monsieur?	d. —Une salade niçoise, s'il vous plaît.
____ 5. —Tu aimes le thon?	e. —C'est le steak-frites.

Nom ________________________________

Classe ____________________ Date ____________

C

Activité 1 Habitudes et préférences

Répondez aux questions.

1. Qui met la table chez toi?

   ____

2. Qu'est-ce que tu préfères commander au café?

   ____

3. Quel est ton plat préféré?

   ____

Activité 2 Les aliments

Écrivez le nom de deux aliments par catégorie.

1. Le hors-d'oeuvre ____________ ____________
2. La viande ____________ ____________
3. Le poisson ____________ ____________
4. Le dessert ____________ ____________
5. Les boissons ____________ ____________

Activité 3 Questions

Écrivez une phrase qui reflète votre opinion de certains aliments.

1. J'adore ________________________________.
2. J'aime ________________________________.
3. Je n'aime pas tellement ________________________________.
4. Je déteste ________________________________.

LEÇON 10 Au supermarché

A

Activité 1 Volonté et obligations

Mettez un cercle autour de la forme du verbe qui convient.

1. Je *veut* / *veux* jouer aux jeux d'ordinateur avec mon copain, mais il *veut* / *veux* jouer au basket.
2. Nous *peuvent* / *pouvons* venir chez toi ce soir, mais Sandrine ne *peut* / *peux* pas.
3. Vous *devez* / *doivent* faire vos devoirs maintenant et moi, je *doit* / *dois* préparer un examen.
4. Jacques *n'ai pas voulu* / *n'a pas voulu* sortir avec Olivier et Jean-Paul, hier.
5. Je *n'ai pas pu* / *n'a pas pu* finir mes devoirs. Et toi, est-ce que tu *ai pu* / *as pu* faire tes devoirs?

Activité 2 L'article partitif

Choisissez, entre **du** et **de la,** l'article partitif qui correspond à chaque image.

____ 1. ____ 2. ____ 3.

____ 4. ____ 5. ____ 6.

____ 7. ____ 8. ____ 9.

Activité 3 Chez nous

Mettez un cercle autour de l'article partitif qui convient.

1. Je ne vois pas *du* / *de* / *de la* lait dans le frigo.
2. Plus *de* / *de la* / *du* viande pour moi, merci.
3. Je voudrais *du* / *de* / *de l'* eau minérale, s'il te plaît.
4. Mon frère ne mange jamais *des* / *du* / *de* légumes.
5. Comme famille, nous ne prenons pas souvent *du* / *des* / *de* dessert.

Nom ____

Classe ______________________ Date ______________

Discovering FRENCH Nouveau!

BLANC

B

Activité 1 Volonté et obligations

Complétez les phrases et les questions suivantes avec la forme correcte des verbes **vouloir, pouvoir,** et **devoir.** Après, écrivez le nom de l'image.

1. ____________-vous ____________?
2. Je ____________ faire mes ____________.
3. Est-ce que tu ____________ venir avec nous ____________?
4. Nous ____________ étudier ____________.
5. Est-ce que tes cousins ____________ prendre ____________?

Activité 2 Chez Sylvie

Sylvie décrit les habitudes alimentaires de sa famille. Mettez un cercle autour de chaque article partitif qui convient.

Au petit déjeuner, je prends *de l' / de la / du* pain avec *de l' / de la / du* confiture.

Avec cela, je prends *de l' / de la / du* café avec *de l' / de la / du* lait et *de l' / de la / du* sucre. Au déjeuner, ma mère prend *de l' / de la / du* salade et *de l' / de la / du* yaourt.

Et comme boisson, *de l' / de la / du* limonade. Mon père prend *de l' / de la / du* poisson avec *de l' / de la / du* riz.

Activité 3 Chez nous

Complétez les phrases avec l'article partitif qui convient.

du	de la	de l'	des	de	d'

1. Je ne mets jamais ________ mayonnaise sur ma salade.
2. Au petit déjeuner, je prends ________ céréales avec ________ lait mais pas ________ café.
3. Je voudrais ________ frites mais il n'y a plus ________ pommes de terre.
4. Dominique ne mange plus ________ gâteau parce que ça fait grossir.

Nom ______________________________

Classe ____________________ Date ______________

Discovering FRENCH Nouveau!

BLANC

C

Activité 1 Volonté et obligations

Faites des phrases complètes (affirmatives ou négatives) avec les éléments donnés, au choix.

parents **faire du sport** **meilleure ami(e)** **vouloir** **sortir ce soir**
copain / copine **devoir** **réussir aux examens** **je** **pouvoir**
acheter une voiture **nous** **faire la vaisselle** **tu?** **aller au restaurant**

1. ______________________________
2. ______________________________
3. ______________________________
4. ______________________________
5. ______________________________

Activité 2 Au supermarché

Vous faites les courses pour un pique-nique. Écrivez ce que chacun veut.

1. 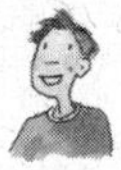 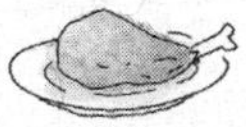 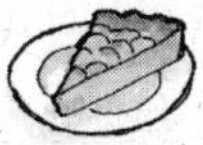
toi ______________________________.

2. 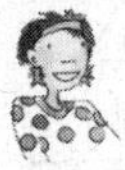 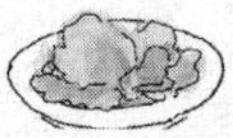 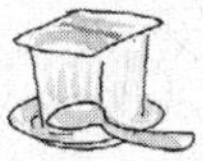
Évelyne ______________________________.

3. 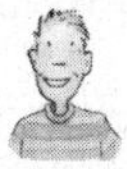 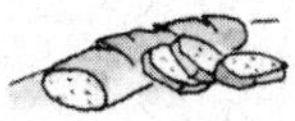 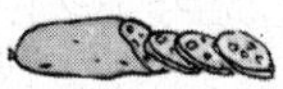
Stéphane ______________________________.

4. 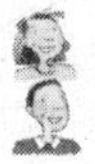 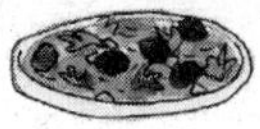 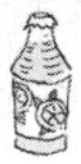
Claudine et Frédéric ______________________________.

Activité 3 Moi, je n'aime pas ça!

Vos amis mangent ou boivent des aliments que vous n'aimez pas. Réécrivez les phrases au négatif.

1. Jean-Claude boit du café le matin. Moi, ______________________________.
2. Sonia veut de la glace avec son gâteau. Moi, ______________________________.
3. Les Dumont prennent toujours de la soupe. Moi, ______________________________.
4. Mes parents commandent toujours du poisson au restaurant. Moi, ______________.
5. Mon copain mange de la pizza aux anchois. Moi, ______________________________.

LEÇON 11 Jérôme invite ses copains

A

Activité 1 Les boissons

Complétez les phrases en conjugant **boire**. Si vous le pouvez, écrivez le nom des boissons!

1. Vous ne __________ jamais de __________.
2. Le matin, nous préférons ______________ du ______________.
3. Ma sœur ____________ de la ____________ au déjeuner.
4. François et Caroline ___________ du __________ au dîner.
5. Quand il fait chaud, tu _______ du _________ et moi, je ______ de l' ______________.

Activité 2 Au magasin

Complétez les dialogues avec les verbes conjugués ci-dessous.

acheter	achète	préfère	préfères	préférons	paie	payez

Au rayon

— Tu __________ le pull ou le chemisier?

— Je __________ le chemisier. Pourquoi?

— Je vais te l'__________ comme cadeau.

— Oh, merci, Maman!

À la caisse

— J'__________ le chemisier. C'est combien?

— Ça fait 50 €. Le pull ne vous plaît pas?

— Nous __________ la couleur du chemisier.

— Vous __________ comment?

— Je __________ avec une carte de crédit.

Activité 3 Les plats

Mettez l'article **(défini, indéfini ou partitif)** qui convient.

1. Je n'aime pas tellement __________ spaghetti.
2. Je ne commande jamais __________ dessert.
3. Il a mangé __________ hamburger au déjeuner.
4. Ma copine voudrait __________ glace au chocolat.
5. Mon père adore __________ poisson.

Nom ____

Classe ______________________ Date ______________

B

Activité 1 Les boissons

Complétez les phrases suivantes avec la forme correcte du verbe **boire.**

1. Caroline et moi, nous __________ le café avec du sucre.
2. Nos copains ne __________ jamais de café.
3. Ma mère __________ toujours de l'eau minérale.
4. Est-ce que vous __________ du thé chaud ou du thé glacé?
5. Moi, je __________ souvent du chocolat le matin. Et toi? Tu __________ aussi du chocolat?

Activité 2 La forme verbale

Décidez s'il faut changer l'accent ou l'orthographe et écrivez la forme correcte du verbe.

1. préférer: je oui non ______________________________
2. amener: nous oui non ______________________________
3. acheter: tu oui non ______________________________
4. envoyer: ils oui non ______________________________
5. espérer: vous oui non ______________________________
6. nettoyer: elle oui non ______________________________

Activité 3 Les aliments

Complétez les phrases et les questions suivantes avec l'article **(défini, indéfini ou partitif)** qui convient et le nom de l'aliment.

1. Je veux __________.
2. Tu prends __________?
3. Voulez-vous __________?
4. Elle mange __________.
5. Je voudrais __________.
6. Ils adorent __________.

Nom ____________________

Classe ____________ Date ____________

Discovering FRENCH Nouveau!

BLANC

C

Activité 1 Les boissons

Écrivez des phrases qui disent ce que certaines persones prennent à chaque repas.

1. Au petit déjeuner, je ____________.
2. Au petit déjeuner, mes parents ____________.
3. Au déjeuner, ma soeur ____________.
4. Au déjeuner, tu ____________.
5. Au dîner, nous ____________.
6. Au dîner, vous ____________.

Activité 2 Questions

Répondez aux questions à la première personne **(je)** et en faisant des phrases complètes.

1. Est-ce que vous amenez souvent des amis chez vous?

   ____
2. Qu'est-ce que vous préférez comme musique?

   ____
3. Qu'est-ce que vous achetez le plus souvent?

   ____
4. Quand vous êtes en vacances, à qui envoyez-vous des cartes postales?

   ____

Activité 3 Au restaurant

Au restaurant, dites que vous préférez le choix qui fait grossir mais que vous allez prendre le choix qui ne fait pas grossir.

1. —Comme hors-d'oeuvre, il y a ____ ou ____.

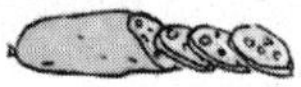

   —Je préfère ____________ mais je vais prendre ____________.
2. —Comme plat principal, il y a ____ ou ____.

   —Je préfère ____________ mais je vais prendre ____________.
3. —Après, il y a ____ ou ____.

   —Je préfère ____________ mais je vais prendre ____________.
4. —Et comme dessert, ____ ou ____.

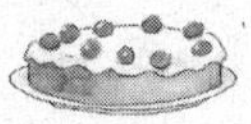

   —Je préfère ____________ mais je vais prendre ____________.

Nom ______________________________

Classe __________________ Date ______________

LEÇON 12 L'addition, s'il vous plaît!

A

Activité 1 Les quantités

Mettez un cercle autour de l'aliment qui n'est probablement pas acheté dans la quantité donnée.

1. un kilo:	le lait	la viande	le beurre
2. un paquet:	le café	le thé	les pommes de terre
3. un litre:	le saumon	le jus de fruit	le soda
4. une boîte:	le thon	le jambon	les céréales
5. une tranche:	le saucisson	la pizza	le sucre
6. une livre:	la moutarde	le riz	le fromage

Activité 2 En ordre croissant

Faites vos choix et écrivez la quantité qui correspond à chaque image.

quelques fraises	toutes les fraises	beaucoup de fraises
pas de fraises	peu de fraises	

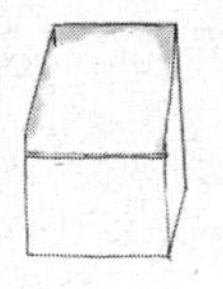

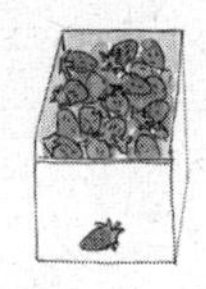

__________ __________ __________ __________ __________

Activité 3 Qu'est-ce qu'il faut faire?

Choisissez chaque fin de phrase.

1. Pour avoir assez d'argent,
   a. il ne faut pas faire trop d'achats. b. il ne faut pas travailler.
2. Pour faire plaisir *(to please)* à tes parents,
   a. il faut faire la vaisselle quelquefois. b. il faut téléphoner à tes copains.
3. Pour réussir à ton examen de maths,
   a. il faut dormir en classe. b. il faut écouter le prof.
4. Pour avoir beaucoup d'amis,
   a. il faut être pénible. b. il faut être gentil.

Nom ______________________________ Discovering FRENCH Nouveau!

Classe ______________________ Date ______________

BLANC

B

Activité 1 Les quantités

Assortissez l'aliment avec les deux expressions de quantité les plus logiques.

1. le fromage:	une livre	une bouteille	un morceau
2. des oeufs:	un sac	une douzaine	quelques
3. les pommes:	un paquet	plusieurs	un kilo
4. la limonade:	un litre	une livre	une bouteille
5. le jambon:	une livre	une boîte	une tranche

Activité 2 Tout

Choisissez la forme de **tout** qui convient.

tout le	**tous les**	**toute la**	**toutes les**

1. __________ monde
2. __________ temps
3. __________
4. __________
5. __________
6. __________
7. __________
8. __________

Activité 3 Équivalences

Faites correspondre les deux phrases qui veulent dire approximativement la même chose.

_____ 1. Je vais travailler cet été.
_____ 2. Il va aider sa mère à la cuisine.
_____ 3. Nous allons nettoyer notre chambre.
_____ 4. Je vais manger un peu moins.
_____ 5. Elles vont faire les courses.

a. Il faut acheter du pain et du lait.
b. Il faut maigrir.
c. Il faut gagner de l'argent.
d. Il faut passer l'aspirateur.
e. Il faut mettre la table.

C

Activité 1 Un pique-nique

Vos amis et vous organisez un pique-nique. Complétez les phrases suivantes avec un aliment ou une boisson logique.

1. Nous voulons un sac ______________________.
2. Nous avons besoin de trois bouteilles ______________________.
3. Il nous faut une livre ______________________.
4. Je vais aussi prendre du ______________________.
5. Ajoutons enfin plusieurs ______________________.

Activité 2 Le jour d'Action de Grâce

C'est juste après le jour d'Action de Grâce et il y a beaucoup de restes *(leftovers)*. Dites ce que chacun va finir en utilisant **tout** et l'un des aliments donnés.

1. Mon père va finir ______________________.
2. Ma mère va finir ______________________.
3. Moi, je vais finir ______________________.
4. Mes frères vont finir ______________________.
5. Mon chien va finir ______________________.

la dinde *(turkey)*
la farce *(stuffing)*
les pommes de terre
les petits pois
le pain
la sauce aux airelles (*cranberry*)

Activité 3 Conseils

Donnez des conseils avec **il faut** ☺ ou **il ne faut pas** ☹.

1. ☺ Pour être bon en sport, ______________________.
2. ☹ Pour être en bonne santé *(health)*, ______________________.
3. ☺ Pour réussir aux examens, ______________________.
4. ☹ Pour avoir de l'argent, ______________________.

UNITÉ 3 Reading Comprehension

Lecture

A

Miam-miam

La tarte Tatin

Savez-vous que la tarte Tatin est due à une étourderie de la demoiselle du même nom qui enfourna sa tarte à l'envers et la servit encore chaude...

Préparation et cuisson :
15 min, et 30 min au four préalablement chauffé (thermostat 7 - 200 °C).

Ingrédients (pour 4 à 6 personnes ou 3 grosses gourmandes...) :
- → 1 pâte brisée toute prête,
- → 60 g de beurre, 100 g de sucre,
- → 750 g de pommes,
- → 1 pincée de cannelle.

- Épluchez les pommes, enlevez le cœur et coupez-les en quartiers. Faites fondre le beurre à feux doux dans un moule. Recouvrez le fond d'une légère couche uniforme de sucre et saupoudrez de cannelle. Remuez ce mélange jusqu'à ce que le sucre soit fondu et commencez à le faire dorer. Ensuite, retirez le moule du feu.
- Disposez les quartiers de pomme dans le fond du moule en commençant par les bords et en allant vers le centre. Sucrez de nouveau et mettez au four cinq à dix minutes.
- Déposez la pâte sur les pommes. Appuyez délicatement dessus et piquez-la avec une fourchette. Laissez cuire trente minutes.
- Sortez la tarte du four, laissez reposer deux minutes et renversez-la sur un plat, de façon à ce que les pommes soient sur le dessus. Servez-la tiède et accompagnée de crème fraîche.

Compréhension

1. Quel fruit faut-il acheter pour faire une **tarte Tatin?**
   pâte beurre sucre
   pomme cannelle
2. Comment est-ce qu'on prépare les pommes?
   — On les coupe en quatre.
   — On les coupe en petits morceaux.
   — On les laisse tout entières.
3. Que veut dire **épluchez?**
   mince dice peel
   core cut
4. Quelle est la particularité de la **tarte Tatin?**
   on la cuit à l'envers
   on la sert avec de la crème fraîche
5. Qui a fait la première **tarte Tatin?**
   ____

Qu'est-ce que vous en pensez?

1. Que veut dire **préalablement chauffé?**
   ____
2. Que veut dire **à feux doux?**
   ____

Nom ___________________________________

Classe _________________________ Date _______________

Discovering FRENCH Nouveau!

BLANC

B

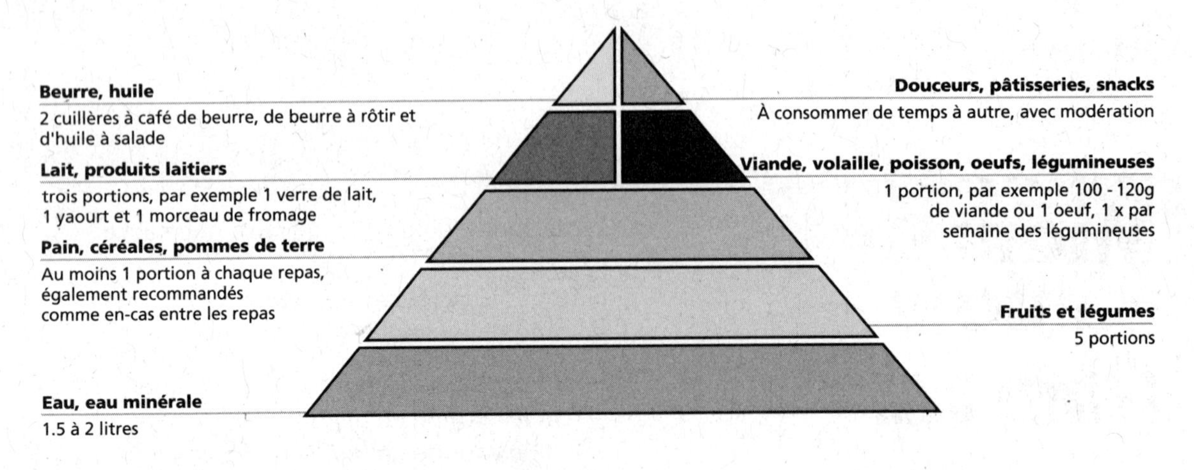

Compréhension

1. Combien de groupes d'aliments y a-t-il, selon cette pyramide?

   5   6   7

2. Combien de portions de produits laitiers doit-on prendre chaque jour?

   1   2   3   4   5

3. Quels sont les deux aliments interchangeables, pour un repas équilibré?

   les pommes de terre   les haricots verts
   la viande   les oeufs

4. Qu'est-ce qu'un fruit frais peut remplacer selon la pyramide?

   du poisson   de la salade   du gâteau   des haricots verts

5. Comment faut-il manger des pâtisseries?

   ____

Qu'est-ce que vous en pensez?

1. Comment dit-on **cuillère à café** en anglais?

   ____

2. Que veut dire **en-cas?**

   ____

C

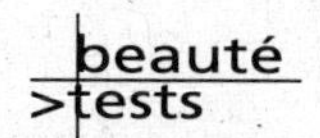

Quel est ton style?

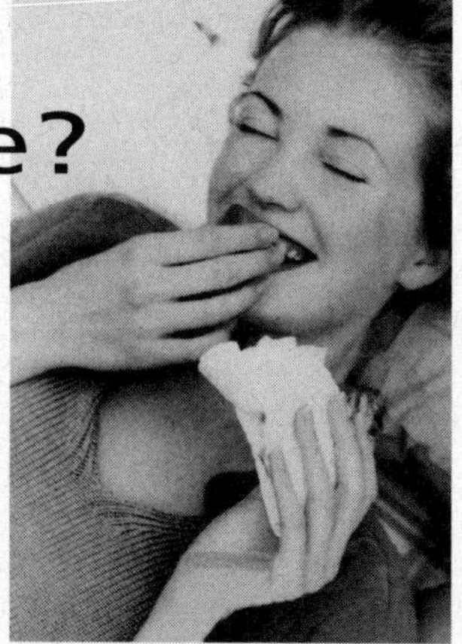

1 Sans réfléchir une minute, tu mangerais bien:
a une farandole de desserts.
b une assiette de pâtes.
c un panier du jardinier (légumes crus et sauce au fromage blanc)

2 Quelle odeur préfères-tu?
a Celle des fleurs.
b Celle d'une boulangerie-pâtisserie.
c Celle de la mer.

3 Dans un self-service, tu prends:
a une entrée, un plat, et c'est tout!
b trois entrées, si cela te chante!
c un dessert seulement.

4 On t'apporte une assiette super appétissante et variée...:
a ... tu commences avec les sélections chaudes.
b ... tu picores.
c ... tu gardes le meilleur pour la fin.

5 Que dit-on de toi?
a Que tu manges des choses insolites.
b Que tu grignotes du matin au soir.
c Que tu chipotes un peu.

6 Le pire pour toi, c'est de
a. ... dîner à la cantine pour les étudiants.
b ... devoir te contenter d'un sandwich pour le déjeuner.
c ... manger à heures fixes.

	1	2	3	4	5	6
a	5	10	15	10	5	15
b	10	5	10	15	10	5
c	15	15	5	5	15	10

Résultats

De 30 à 50 points
Tu es un/e « gourmand/e ».
Pour toi un plat est un plaisir inexplicable.

De 55 à 70 points
Tu es une « grignoteuse anarchique ».
Tu suis tes envies et vis à ton rythme.

De 75 à 90 points
De 75 à 90 points
Tu es une « fan de régimes ».
Tu es une experte sur ce que tu manges!
Tu pourrais écrire un livre sur la question!

Compréhension

1. Une **farandole** de desserts veut dire:

   peu de desserts   quelques desserts   beaucoup de desserts

2. Donnez deux exemples des choses qu'on trouve dans un panier du jardinier:

   ____________ ____________________

3. **Picorer** veut dire:

   manger peu   manger beaucoup

4. **Grignoter du matin au soir** veut dire:

   prendre trois repas par jour   prendre plusieurs petits repas

5. **Chipoter** veut dire:

   manger sans discrimination   manger avec discrimination

Qu'est-ce que vous en pensez?

1. Comment dit-on **raw vegetables** en français?

   ____

2. Comment traduisez-vous **garder le meilleur pour la fin** en anglais?

   ____

Unité 4. Loisirs et spectacles!

LEÇON 13 Allons au spectacle

A

Activité 1 Les spectacles

Complétez les phrases suivantes à l'aide des mots donnés.

pièce	groupe	exposition	équipe	drame psychologique

1. On va au musée pour voir une ____________________.
2. On va au cinéma pour voir un ____________________.
3. On va au théâtre pour voir une ____________________.
4. On va au stade pour voir jouer une ____________________
5. On va au concert pour entendre un ____________________.

Activité 2 Genres de film

Mettez un cercle autour du genre de film qui va avec la description.

1. les films d'Alfred Hitchcock: drames psychologiques — films d'aventures
2. les films de Walt Disney: dessins animés — films de science fiction
3. les films de Bruce Willis: comédies musicales — films d'aventures
4. les films comme *Vendredi Treize*: dessins animés — films d'horreur
5. les films comme *Star Wars*: films de science fiction — films policiers

Activité 3 Invitations

Décidez si les personnes suivantes acceptent ou refusent une invitation.

1. Je voudrais bien mais je dois étudier. — accepte — refuse
2. Avec plaisir! À quelle heure? — accepte — refuse
3. Je regrette mais j'ai d'autres projets. — accepte — refuse
4. Je suis désolé mais je ne peux pas. — accepte — refuse
5. Oui, super. Bonne idée! — accepte — refuse

Nom ____________________________________

Classe ______________________ Date ______________

Discovering FRENCH Nouveau!

BLANC

B

Activité 1 Les spectacles

Mettez un cercle autour des deux mots que vous associez avec le mot donné.

1. une pièce de théâtre:	un film	un acteur	un programme
2. une équipe:	un joueur	un match	une séance
3. un groupe:	une actrice	une chanson	une chanteuse
4. une exposition:	un artiste	un musée	une place
5. une place:	un concert	une exposition	un billet

Activité 2 On va au ciné?

Complétez les phrases ou questions suivantes, à l'aide des mots donnés.

heure	séance	places	fois	sors	joue

—Est-ce que tu ____________ souvent?

—Assez. Et vous?

—Nous allons au cinéma deux ____________ par mois.

—Qu'est-ce qu'on ____________ au cinéma ce week-end?

—Un bon film français.

— Bon. Combien coûtent les ____________?

—Huit euros.

—D'accord. À quelle ____________ commence le film?

—La ____________ est à 19h00.

Activité 3 Dialogues

Choisissez la réponse qui accepte l'invitation.

1. Tu veux voir l'exposition au musée samedi?
   a. Oui, je ne suis pas occupée.
   b. Oui, mais je ne suis pas libre.

2. Est-ce que tu veux aller au concert demain?
   a. Merci, mais je ne peux pas.
   b. Je veux bien, merci.

3. Est-ce que tu es libre vendredi soir?
   a. Je suis désolé.
   b. Oui, je suis libre.

4. Tu veux assister à un match au stade?
   a. Oui, mais je n'ai pas le temps.
   b. D'accord. Quand?

C

Activité 1 Questions

Répondez aux questions de Grégoire.

1. Combien de fois par mois est-ce que tu sors?

   ____

2. Qu'est-ce que tu préfères comme concert?

   ____

3. Tu aimes quel genre de films?

   ____

4. Tu préfères quelle séance?

   ____

Activité 2 Le cinéma

Quels sont les meilleurs films que vous avez vu dans les genres suivants? Répondez ensuite à la question.

1. Un film d'aventures: ________________________________
2. Un film d'horreur: ________________________________
3. Un film de science-fiction: ________________________________
4. Une comédie: ________________________________

Activité 3 Équivalences

Faites correspondre chaque question avec la réponse la plus logique.

_____ 1. Qu'est-ce qu'on joue au ciné ce week-end?

_____ 2. À quelle heure commence le film?

_____ 3. Est-ce que tu veux aller au cinéma?

_____ 4. Combien coûtent les places?

_____ 5. Est-ce que tu sors souvent?

_____ 6. Tu gardes toujours ton programme?

a. Au cinéma Rex, les billets coûtent 8 €.

b. Oui, pour ne pas oublier l'événement.

c. La première séance est à 18 h 30.

d. Peut-être deux fois par mois.

e. Je voudrais bien, mais je ne peux pas.

f. Il y a un film d'horreur et deux comédies.

LEÇON 14 Un petit service

A

Activité 1 La réciprocité

Complétez les réponses suivantes à l'aide d'un pronom complément. Regardez bien les questions!

1. —Tu me présentes à tes amis?

   —Mais oui, je ______________ présente à mes amis!

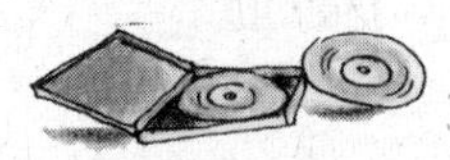

2. — Tu nous donnes ces CD?

   — Mais oui, je ______________ les donne!

3. —Vous me montrez votre livre de français?

   —Mais oui, je ______________ le montre!

4. —Il te prête sa tablette?

   —Mais oui, il ______________ la prête!

Activité 2 L'impératif

Décidez si les phrases suivantes sont à l'impératif.

1. Écoutez-moi, s'il vous plaît.	oui	non
2. Ne nous apporte pas de pizza aux anchois.	oui	non
3. Il va nous présenter à ses copains.	oui	non
4. Je te téléphone ce soir, d'accord?	oui	non
5. Ne me parle pas comme ça.	oui	non
6. Attends-nous après le concert.	oui	non

Activité 3 Dialogue

Complétez les dialogues en utilisant une fois chaque pronom complément donné.

moi	t'	vous	nous	moi

—Apportez-__________ deux limonades, s'il vous plaît.

—Et avec ça?

—Donnez-______________ un steak-frites.

—Et pour ______________, la pizza quatre saisons.

—Je __________ invite au concert, ce soir.

—Mais ma cousine vient chez moi.

—Alors, je ______________ invite, toutes les deux!

Nom _______________________________________

Classe ______________________ Date ______________

B

Activité 1 Dialogues

Complétez les phrases suivantes.

1. —Tu m'invites à déjeuner?
   —Oui, je ________ ________________!

2. —Il vous apporte des CD?
   —Oui, il ________ ________________ des CD.

3. — Tes copains te prêtent de l'argent?
   —Mais non, ils ne ________ ________________ pas d'argent!

4. — Ton chien nous aime bien, tu crois?
   —Mais oui, il ________ ________________ bien!

Activité 2 Qu'est-ce qui suit?

Mettez un cercle autour de l'action qui est la conséquence de chaque impératif.

1. "Invite-moi au café!"
   a. Vous m'invitez au café. b. Tu m'invites au café.
2. "Apportez-nous une pizza!"
   a. Vous m'apportez une pizza. b. Il nous apporte une pizza.
3. "Ne me donnez pas d'eau!"
   a. Ils ne me donnent pas d'eau. b. Je ne te donne pas d'eau.
4. "Appelle-nous!"
   a. Nous t'appelons. b. Tu nous appelles.

Activité 3 Équivalences

Faites correspondre les phrases qui ont approximativement le même sens.

_____ 1. Ne me regarde pas!	a. D'accord, je vais te regarder.
_____ 2. Écoutez-moi!	b. D'accord, je vais te rendre tes affaires.
_____ 3. Rends-moi mes affaires!	c. D'accord, je ne vais pas t'écouter.
_____ 4. Regarde-moi!	d. D'accord, je ne vais pas te regarder.
_____ 5. Ne me rends pas la radio!	e. D'accord, je vais vous écouter.
_____ 6. Ne m'écoute pas!	f. D'accord, je ne vais pas te rendre la radio.

Nom ______________________

Classe ______________ Date ______________

C

Activité 1 Mais oui!

Répondez affirmativement aux questions en utilisant un pronom.

1. —Est-ce que tu viens dîner chez nous?

   —______________________

2. —Est-ce que ta copine te téléphone souvent?

   —______________________

3. —Est-ce que je peux vous appeler, Karine et toi, plus tard?

   —______________________

4. —Est-ce que tu vas rendre visite à tes grands-parents ce week-end?

   —______________________

Activité 2 S'il te plaît . . .

Mettez les phrases suivantes à l'impératif.

1. Trinh, peux-tu me donner le 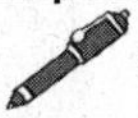 ? ______________
2. Est-ce que vous pouvez me 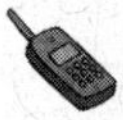 ce soir? ______________
3. Maman, tu m'achètes ce beau 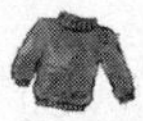 ? ______________
4. Est-ce que nous pouvons aller au 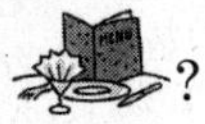 ? ______________
5. Peux-tu me présenter à ton 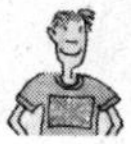 ? ______________

Activité 3 Plus tard

Dites, en utilisant un pronom complément, ce que vous allez faire plus tard en réponse à ces demandes.

1. "Aide-moi à faire la cuisine!" ______________
2. "Prête-nous ton nouveau jeu d'ordinateur!" ______________
3. "Ne m'apporte pas de pizza aux anchois!" ______________
4. "Attendez-nous après les cours!" ______________

Nom ______________________________________

Classe ______________________ Date ______________

LEÇON 15 Dans une boutique de disques

A

Activité 1 La connaissance

Complétez les dialogues suivants avec la forme correcte de **connaître** ou **reconnaître.**

1. —Vous __________________ bien Paris?

   —Oui, mais nous ne __________________ pas Lyon.

2. —Je ne __________________ pas ce garçon. Qui est-ce?

   —Tu ne le __________________ pas? C'est mon frère!

3. —Est-ce que ton frère __________________ les Dupont?

   —Non, mais les Dupont me __________________.

Activité 2 Un après-midi

Complétez les phrases de droite en choisissant entre **le, la, l'** ou **les.**

1. Écoutons <u>ma chanteuse préférée.</u>	Écoutons-________.
2. Je n'aime pas <u>la dernière chanson</u>.	Je ne ________ aime pas.
3. Mais j'adore <u>le CD</u>!	Je ________ adore!
4. Je peux prendre <u>le CD?</u>	Je peux ________ prendre?
5. Regarde <u>les voisins:</u> ils dansent!	Regarde-________!

Activité 3 Au centre commercial

Vous rencontrez une amie au centre commercial et vous bavardez un peu. Vos réponses sont à gauche; mettez un cercle autour du complément d'objet correspondant à droite.

1. Oui, je l'ai fini. mes  / mon 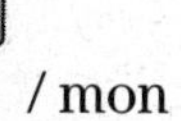 / ma 
2. Oui, on l'a vue hier. ma  / mon  / mes 
3. Non, je ne l'ai pas trouvée. mes 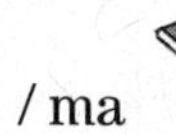 / ma  / mon
4. Oui, je les ai achetées. les  / les  / les
5. Non, je ne l'ai pas reconnu. ton  / ta  / tes 

Nom ______________________________

Classe ____________________ Date ____________

Discovering FRENCH Nouveau!

BLANC

B

Activité 1 Le voisinage

Complétez les phrases avec la forme correcte du verbe **connaître** ou **reconnaître.**

—Nous habitons ici depuis dix ans. Nous ________________ tous nos voisins. Et toi, est-ce que tu ________________ bien tes voisins?

—Non, pas vraiment. Je ________________ bien ma voisine d'en haut.

—Et vous, est-ce que vous ________________ votre voisin d'en bas?

—Non.

—Mais, c'est l'acteur Laurent Ducharme!

—Oh là là, je ne l'ai pas ________________! Il faut absolument faire sa connaissance.

Activité 2 Questions variées

Mettez un cercle autour du pronom qui convient.

1. —Est-ce que tu aimes le ? —Non, je ne *le / la / l' / les* aime pas tellement.
2. —Regardes-tu souvent la ? —Non, je ne *le / la / l' / les* regarde jamais.
3. —Tu as mangé toutes les ? —Oui, je *le / la / l' / les* ai toutes mangées!
4. —Tu connais le d'Amélie? —Oui, je *le / la / l' / les* connais.
5. —Est-ce que tu vas acheter ce ? —Oui, je vais *le / la / l' / les* acheter.

Activité 3 Le soir

Votre mère revient du travail et elle vous pose des questions. Choisissez le participe passé qui convient.

1. —Est-ce que ta soeur a déjà mis la table? —Oui, elle l'a déjà *mis / mise / mises.*
2. —Tu as trouvé tes devoirs? —Non, je ne les ai pas *trouvés / trouvé / trouvées.*
3. —Tu as bien attendu tes petites soeurs? —Oui, je les ai *attendues / attendu / attendus.*
4. —Vous avez été au concert? —Non, on l'a *écouté / écoutée / écoutés* à la radio.
5. —Est-ce que ton frère a rendu ses livres? —Oui, il les a *rendu / rendue / rendus.*

Nom ______________________________

Classe ____________________ Date ______________

Discovering FRENCH Nouveau!

BLANC

C

Activité 1 À l'école

Complétez le dialogue en utilisant le mot **connaissance** et en conjugant le verbe **connaître.**

—Patrick, est-ce que tu as fait la ______________ d'Amélie?

—Non, pas encore. Bonjour, Amélie! Est-ce que tu ______________ bien la ville?

—Non, nous sommes ici depuis seulement deux mois. Je voudrais bien la ________.

—Bon, alors, nous t'emmenons faire le tour de la ville.

—Super! Vous ______________ tous les endroits sympas?

—Oui, nous ______________ très bien les quartiers amusants.

Activité 2 Au self-service

Réécrivez les phrases en remplaçant le mot souligné et l'image avec un pronom complément.

1. J'aime bien <u>les</u> . ______________________________
2. Tu prends <u>la</u> ? ______________________________
3. Elles veulent <u>les</u> . ______________________________
4. Nous achetons <u>ces</u> . ______________________________
5. Vous préférez <u>la</u> ? ______________________________

Activité 3 C'est déjà fait!

Écrivez des phrases pour dire que vous avez déjà fait ce que votre mère ordonne. Utilisez un pronom complément, le mot **déjà** et le passé composé.

1. —Fais la vaisselle! —Mais ______________________________!
2. —Prends ton petit déjeuner! —Mais ______________________________!
3. —Range tes affaires! —Mais ______________________________!
4. —Nettoie la cuisine! —Mais ______________________________!
5. —Finis tes devoirs! —Mais ______________________________!

Nom ______________________________

Classe ______________________ Date ______________

Discovering FRENCH Nouveau!

BLANC

LEÇON 16 La voisine d'en bas

A

Activité 1 Des choses à dire, à lire et à écrire

Décidez si les mots suivants sont plutôt associés avec le verbe **dire, lire** ou **écrire.** Quelques mots ont plus d'une réponse.

____ ____ 1. une revue

____ ____ 2. un poème

____ ____ 3. une carte postale

____ ____ 4. un roman

____ ____ 5. un mensonge

____ ____ 6. une bande dessinée

____ ____ 7. la vérité

____ ____ 8. un journal

Activité 2 Aujourd'hui

Décidez si vous devez remplacer les mots soulignés avec **lui** ou **leur.**

1. Je vais écrire à mes ____. Je vais __________ écrire.
2. Il n'a pas encore parlé au ____ d'anglais. Il ne __________ a pas encore parlé.
3. Nous allons téléphoner à ____. Nous allons __________ téléphoner.
4. Nous avons demandé de l'argent à nos ____. Nous __________ avons demandé de l'argent.
5. Allez-vous prêter ces CD à ____? Allez-vous __________ prêter ces CD?
6. Elles vont montrer la ville à leurs ____. Elles vont __________ montrer la ville.

Activité 3 Dialogues

Mettez un cercle autour du verbe qui convient afin de compléter les dialogues.

—Tu ne *connais / sais* pas mes cousins?
—Si. Ton cousin ne *sait / connaît* pas nager. Et ta cousine ne *sait / connaît* pas l'anglais.

—Est-ce que tu *sais / connais* la France?
—Non, mais mes parents *connaissent / savent* nos voisins français et ils nous ont invités en France.
—Est-ce qu'ils *savent / connaissent* quand vous allez faire ce voyage?

Nom ____

Classe ____________________________ Date ______________

B

Activité 1 Dialogues

Mettez un cercle autour de la forme du verbe **dire, lire** ou **écrire** qui convient.

—Qu'est-ce que vous *lisent / lisez?*

—Je *lis / lit* un [livre] très intéressant.

—Nos amis viennent de [téléphoner].

—Qu'est-ce qu'ils *avons dit / ont dit?*

—Qu'ils vont arriver à 14h. J'*as dit / ai dit:* Excellent!

—Est-ce que vous *écris / écrivez* souvent des [mails]?

—Oui. J'*écrit / écris* des mails tous les jours.

Activité 2 Correspondances

Faites correspondre les réponses aux questions.

_____ 1. Tu écris cette carte postale à ta copine?

_____ 2. Tu as donné les cadeaux à tes parents?

_____ 3. Tu as écrit la lettre à Stéphanie?

_____ 4. Tu as raconté l'histoire aux enfants?

_____ 5. Tu racontes l'histoire à Jeannot ce soir?

_____ 6. Tu as donné la photo à Caroline?

a. Oui, je les leur ai donnés.

b. Oui, je la lui ai donnée.

c. Oui, je la leur ai racontée.

d. Oui, je la lui écris.

e. Oui, je la lui ai écrite.

f. Oui, je la lui raconte.

Activité 3 Savoir ou connaître?

Complétez les questions en choisissant entre **sais** et **connais.**

1. Est-ce que tu __________ faire la cuisine?
2. Est-ce que tu __________ Paris?
3. Est-ce que tu __________ le numéro de téléphone de l'école?
4. Est-ce que tu __________ tes voisins?
5. Est-ce que tu __________ lire et écrire le français?
6. Est-ce que tu __________ à quelle heure commence le film?
7. Est-ce que tu __________ l'adresse du restaurant?

C

Activité 1 Les loisirs

Répondez aux questions.

1. Quel genre de livres est-ce que tu lis? ______________________
2. Quel livre est-ce que tu as lu récemment? ______________________
3. Est-ce que tu as écrit un mail à ton ami(e) récemment? Quand?

____

Activité 2 À qui?

Écrivez des phrases en utilisant les indices donnés et un pronom complément.

Modèle *rouge / à Corinne / prêter / le week-end prochain*
Je vais lui prêter mon pull rouge le week-end prochain.

1. un / à mes cousins / écrire / cet après-midi

____

2. des / à Éric et à Olivier / prêter / hier

____

3. un / à ma sœur / donner / pour son anniversaire demain

____

4. mes / au prof / rendre / ce matin

____

Activité 3 Savoir ou connaître?

Faites des phrases avec une forme de **savoir** ou de **connaître** et l'une des expressions de la case.

les quartiers de Montréal	conduire
faire une tarte	les monuments de Paris
mon numéro de téléphone	quand Steve est parti
l'adresse du musée	

1. Chantal ______________________.
2. Nous ______________________.
3. Karim et Léa ______________________.
4. Jean-Luc ______________________.
5. Est-ce que tu ______________________?

UNITÉ 4 Reading Comprehension

A

Compréhension

films en exclusivité

EXPLICATION DES SIGNES — GENRE DES FILMS

- ☐ Interdits aux moins de 16 ans.
- △ Interdits aux moins de 12 ans.
- ◆ Recommandés aux très jeunes.
- (vo) : version originale
- (va) : version anglaise

A Aventure	E Epouvante Horreur	M Film musical
B Biographie	F Fantastique Science-Fiction	O Comédie dramatique
C Comédie	G Guerre	P Policier Espionnage
D Drame	H Historique	W Western
	J Dessin animé Vie animaux	
	K Karaté	

1. Classez les films suivants en utilisant l'explication des signes:

   La guerre des étoiles ______ *Mission impossible* ______ *Shrek* ______

2. Classez les films suivants en utilisant l'explication des signes:

   Panic Room ______ *Hannibal* ______ *Le seigneur des anneaux* ______

3. Que veut dire le symbole **VO**?

   ____

4. Que veut dire **interdit**?

   Ce n'est pas sorti. Ce n'est pas permis. Ce n'est pas soutitré.

5. Quelles catégories de films sont recommandées aux très jeunes, à votre avis?

   ____

Qu'est-ce que vous en pensez?

1. Qu'est-ce qui correspond, aux États-Unis, à:

   △ ______ ❑ ______ ◆? ______

2. Est-ce que l'âge d'entrée est le même, pour ces catégories, qu'aux États-Unis?

   ____

Nom ______________________________

Classe ____________________ Date ______________

B

Palmarès

- Palme d'Or : *The Tree of Life* de **Terrence Malick**
- Grands Prix ex aequo: *Il était une fois en Anatolie* de **Nuri Bilge Ceylan** et *Le Gamin au vélo* de **Jean-Pierre et Luc Dardenne**
- Prix du jury : *Polisse* de **Maïwenn**
- Prix d'interprétation féminine : **Kirsten Dunst** dans *Melancholia*
- Prix d'interprétation masculine: **Jean Dujardin** dans *The Artist*

Festival de Cannes: Terrence Malick gagne la Palme d'Or pour son "poème visuel hallucinant"

samedi 22 mai 2011, 22h25

CANNES - En accordant sa Palme d'Or ce soir à deux représentants de Terrence Malick pour The Tree of Life, le jury du 64e Festival de Cannes a couronné un cinéaste de renom qui est un solitaire, un reclus. Le film a survolé la compétition avec sa mise en scène impressionnante et son ambition incalculable. C'est déjà un classique.

Compréhension

1. Comment s'appelle le cinéaste qui a remporté la Palme d'Or en 2011?

   ____

2. En quel mois a lieu la cérémonie du Festival de Cannes?

   ____

3. Quel jour de la semaine a eu lieu la cérémonie?

   ____

4. **De renom** correspond à quel mot anglais?

   famous　　Russian　　smart

Qu'est-ce que vous en pensez?

1. À votre avis, est-ce qu'on peut voir des films de beaucoup de pays différents, en France?

   Oui, vraiment.　　Oui, plutôt.　　Non.

2. Comment dit-on "awarded" en parlant d'un prix?

   ____

C

Semaine du 22.05 au 28.05.2012

PROCHAINEMENT À L'AFFICHE

Bientôt à l'affiche dans notre cinéma! Vous attendez le nouveau film de votre vedette préférée? Ou le prochain film d'un cinéaste renommé? Voici les prochaines sorties chez nous.

- *Hotel Lux* : 2011. 102 minutes. Film comique allemand de Leander Haußman avec Michael Herbig et Jürgen Vogel.
- *Le Chaperon rouge* : 2011. 100 minutes. Film fantastique romantique et d'horreur américain en couleurs de Catherine Hardwicke avec Amanda Seyfried, Gary Oldman, Billy Burke, Julie Christie. Inspiré par le conte de fées «Le Petit Chaperon rouge».
- *Les bien-aimés* : 2011. 139 minutes. Film dramatique français de Christophe Honoré avec Catherine Deneuve et Milos Forman. Ce film a clôturé le Festival de Cannes 2011.
- *Livide* : 2011. 88 minutes. Film d'horreur français en couleurs de Julien Maury et Alexandre Bustillo avec Béatrice Dalle, Jérémy Kapone et Catherine Jacob.
- *Moneyball* : 2011. 133 minutes. Film dramatique de sport américain en couleurs de Bennette Miller avec Brad Pitt, Jonah Hill, Philip Seymour Hoffman, Robin Wright.
- *Rien à déclarer* : 2010. 108 minutes. Film comique français de Dany Boon avec Benoît Poelvoorde, Dany Boon, Chritel Pedrinelli.
- *The Adventures of Tintin* : 2011. 107 minutes. Film animé américain en couleurs de Steven Spielberg avec les voix de Jamie Bell, Andy Serkis, Daniel Craig. Histoire d'aventures basée sur la série de livres dessinés belges, *Les Aventures de Tintin*, de Hergé.
- *Tu seras mon fils* : 2011. 102 minutes. Film dramatique français de Gilles Legrand avec Neils Arestrup et Lorànt Deutsch.

Compréhension

1. Parmi les films attendus, quel est le pourcentage des films français?

   25% 50% 90%

2. Comment s'appelle, en anglais, *Le Chaperon rouge*?

   Red Riding Hood Red Riding Hood

3. Quel film est-ce qu'on a vu à Cannes?

   ____

4. Que veut dire **rien à déclarer?**

   ____

Qu'est-ce que vous en pensez?

1. Que veut dire **film fantastique** en anglais?

   ____

2. Comment dit-on "coming attractions" en français?

   ____

Unité 5. Vive le sport!

LEÇON 17 Le sport, c'est la santé

A

Activité 1 Le sport

Quels sont les sports illustrés? Quand est-ce qu'on les pratique, d'habitude: **en été, en hiver** ou **toute l'année?**

1. ____________ en été en hiver toute l'année
2. ____________ en été en hiver toute l'année
3. ____________ en été en hiver toute l'année
4. ____________ en été en hiver toute l'année
5. ____________ en été en hiver toute l'année

Activité 2 Le corps

Mettez un cercle autour de la partie du corps associée avec le verbe donné.

1. voir	les mains	la figure	les yeux
2. plier	les jambes	le nez	le cœur
3. entendre	les oreilles	la bouche	le ventre
4. écrire	l'estomac	les mains	les dents
5. parler	la bouche	les doigts	le dos
6. manger	le nez	les cheveux	les dents

Nom ___________________________

Classe ___________________ Date ______________

Activité 3 Ça va ou ça ne va pas?

Décidez si les expressions suivantes veulent dire que **ça va**  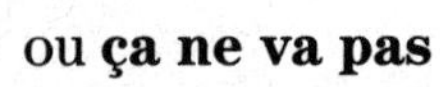 ou **ça ne va pas** .

1. Je suis malade.

2. J'ai mal aux oreilles.

3. Je suis en bonne santé.

4. Je suis fatiguée.

5. Ça va mieux.
6. J'ai un rhume.
7. Je n'ai plus mal à la tête.
8. Je ne me sens pas bien.

B

Activité 1 Le sport

Complétez les phrases suivantes à l'aide des sports illustrés.

1. Il faut aimer l'eau pour faire ___________________________.
2. Il faut de la neige pour faire ___________________________.
3. Il faut être à la montagne pour faire ___________________________.
4. Il faut avoir des baskets pour faire ___________________________.
5. Il faut avoir un bateau pour faire ___________________________.

Activité 2 Le corps et le sport

Mettez un cercle autour des deux parties du corps qui correspondent le mieux à chaque activité.

1. faire du jogging	la bouche	les jambes	les pieds	la tête
2. faire de la natation	les bras	la figure	les épaules	les dents
3. faire de l'équitation	les pieds	la bouche	les genoux	les oreilles
4. faire de l'escalade	les doigts	les cheveux	les bras	le cou
5. faire du patinage	le dos	les pieds	la figure	les genoux

Activité 3 Questions

Choisissez la réponse logique.

1. Où est-ce que tu as mal?	a. J'ai mal à la tête.	b. J'ai la grippe.
2. Qu'est-ce que tu as?	a. Je suis en forme.	b. Je suis malade.
3. Tu es malade?	a. Oui, je me sens bien.	b. Oui, j'ai mal aux oreilles.
4. Tu n'as pas bien dormi?	a. Non, j'ai un rhume.	b. Non, et je suis fatigué.

Nom ______________________________

Classe ____________________ Date ____________

Discovering FRENCH Nouveau!

BLANC

C

Activité 1 Le sport

Écrivez des phrases qui disent que ces personnes pratiquent les sports illustrés.

1. Moi, je ______________________________.
2. Philippe ______________________________.
3. Nathalie et Caroline ______________________________.
4. Est-ce que tu ______________________________?
5. Thomas et Xavier ______________________________.
6. Nous ______________________________.

Activité 2 Les parties du corps

Écrivez la partie du corps qui correspond à chaque définition.

1. C'est entre l'épaule et la main. C'est ____________.
2. C'est pour plier la jambe. C'est ____________.
3. On les mets dans des chaussures. Ce sont ____________.
4. La main en a cinq. Ce sont ____________.
5. C'est un synonyme d'estomac. C'est ____________.
6. C'est pour écouter. Ce sont ____________.

Activité 3 Oh là là!

Complétez les phrases en disant où vous avez mal, ce que vous avez ou comment vous allez.

1. J'ai trop mangé! J'ai mal ____________.
2. Je n'ai pas dormi! Je ____________.
3. C'est l'hiver et j'ai de la température! J'ai ____________.
4. J'ai pris froid! J'ai un ____________.
5. Je ne suis plus très malade. Ça va ____________.

LEÇON 18 Un vrai sportif

A

Activité 1 Qu'est-ce que vous faites?

Décidez s'il faut compléter les phrases avec le pronom **y** ou **lui.**

1. J'apporte ces sandwichs à la fête.

   Je / J'__________ apporte ces sandwichs.
2. Tu donnes un cadeau à ma soeur.

   Tu __________ donnes un cadeau.
3. Il retrouve ses copains au café.

   Il __________ retrouve ses copains.
4. Nous allons à l'école.

   Nous __________ allons.
5. Il téléphone à sa copine tous les soirs.

   Il __________ tous les soirs.

Activité 2 L'alimentation, le sport

Décidez s'il faut compléter les phrases avec le pronom **en** ou **le / les.**

1. Est-ce que tu __________ veux?
2. Est-ce que vous __________ voulez?
3. Je peux __________ manger?
4. Est-ce que tu peux __________ apporter à la fête?
5. Est-ce que tu __________ fais toutes les semaines?

Activité 3 Les habitudes

Mettez les phrases suivantes en ordre de 1 à 5, en commençant avec l'activité faite le moins souvent jusqu'à l'activité faite le plus souvent.

_____a. Je joue parfois au tennis.

_____b. Nous rendons souvent visite à nos grands-parents.

_____c. Ma soeur ne mange presque jamais de légumes.

_____d. Nous allons de temps en temps à la campagne le week-end.

_____e. Mes cousins vont rarement en vacances.

Nom ______________________________

Classe ____________________ Date ______________

B

Activité 1 J'y vais!

Mettez un cercle autour de ce qui se remplace avec le pronom y et réécrivez les phrases.

1. Je vais / retrouver / mes parents / au restaurant.
   ____
2. Il va / chez son copain / après l'école.
   ____
3. J'ai mis / les CD / dans ton sac.
   ____
4. Elle a décidé / d'étudier / à la bibliothèque.
   ____
5. Nous avons mis / les clés / sur la table.
   ____

Activité 2 Un peu de tout

l'	les	lui	leur	y	en

Choisissez le pronom qui peut remplacer les expressions en italique.

_____ 1. Je vais *à la boulangerie.*

_____ 2. Je donne un CD *à ma soeur.*

_____ 3. Claire aime *les fruits.*

_____ 4. J'écris une lettre *à mes parents.*

_____ 5. Je joue au foot *au stade.*

_____ 6. Nous mangeons *de la glace.*

_____ 7. Mon père aime *la musique classique.*

_____ 8. Ma mère travaille *dans un magasin.*

_____ 9. J'adore *le chocolat.*

Activité 3 Quelques expressions

Faites correspondre les mots et les expressions qui sont similaires.

_____ 1. je pense que . . .

_____ 2. quelquefois

_____ 3. d'après moi . . .

_____ 4. rarement

a. selon moi . . .

b. ne . . . presque jamais

c. je trouve que . . .

d. de temps en temps

C

Activité 1 Questions

Répondez aux questions affirmativement ou négativement en utilisant le pronom **y**.

1. Combien de fois par mois est-ce que tu vas au cinéma?

   ____
2. Est-ce que tu aimes aller à la plage?

   ____
3. Est-ce que tu as déjà participé à un match de sport?

   ____
4. Qu'est-ce que tu mets tous les jours dans ton sac à dos?

   ____
5. Est-ce que tu vas aller à Montréal cette année?

   ____

Activité 2 J'en ai.

Répondez aux questions en utilisant le pronom **en.**

1. Combien de frères est-ce que tu as? ______________________________
2. Est-ce qu'il y a des boutiques dans ton quartier? ______________________________
3. Est-ce que tu fais souvent de la gymnastique? ______________________________
4. Y a-t-il assez de lait pour le petit déjeuner? ______________________________
5. Est-ce que ta mère va acheter du saumon? ______________________________

Activité 3 Opinions

Réécrivez les phrases en utilisant une expression d'opinion et le pronom **y** ou **en**.

1. Il faut boire de l'eau tous les jours.

   ______________, il faut ______________________________.
2. On ne doit pas aller au supermarché quand on a faim.

   Je ______________________________.
3. Il faut aller en France pour apprécier la cuisine du pays.

   Je ______________________________.
4. Il ne faut pas aller trop souvent aux grands magasins.

   ______________, il ne faut pas ______________________________.

LEÇON 19 Jérôme se lève?

A

Activité 1 Une visite chez le médecin

Complétez les phrases à l'aide des mots donnés.

la	les

1. Le médecin arrive. Il a ________________ cheveux bruns.
2. Il se lave ________________ mains.
3. Il dit: "Ouvrez ________________ bouche, s'il vous plaît."
4. Je lui dis que j'ai mal à ________________ tête.

Activité 2 Pendant les vacances

Mettez un cercle autour du verbe le plus logique.

1. En vacances, nous *nous levons* / *nous reposons* assez tard.
2. Je *me couche* / *m'habille* toujours très vite le matin.
3. Après le déjeuner, Robert *se couche* / *se promène*.
4. L'après-midi, Maman *se repose* / *se lève*.
5. Toi aussi, est-ce que tu *te réveilles* / *te couches* vers minuit?

Activité 3 La routine du matin

Complétez les phrases à l'aide des images.

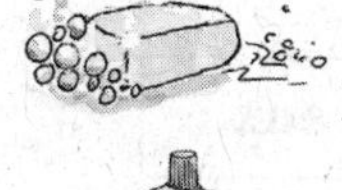

1. Le matin, je me lave avec du ______________________________.

2. Je me lave les cheveux avec du ______________________________.

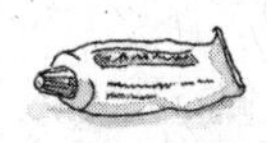

3. Je me brosse les dents avec du ______________________________.

4. Ma soeur se maquille avec du ______________________________.

5. Mon frère se rase avec un ______________________________.

Nom ______________________________

Classe ______________________ Date ______________

B

Activité 1 Au centre commercial

Complétez le dialogue suivant.

le	**la**	**les**

—Ton ami, est-ce qu'il a ______________ yeux bleus?

—Non, ils sont bruns.

—Est-ce qu'il a ______________ cheveux courts?

—Non, ils sont longs.

—Décris-le un peu.

—Il a ______________ nez court, ______________ figure un peu carrée et ______________ épaules larges.

—Oui, c'est lui que j'ai vu hier au centre commercial.

Activité 2 Nicolas

Votre frère Nicolas est assez paresseux, surtout le week-end. Décrivez ses activités en mettant un cercle autour du verbe qui convient.

D'abord, Nicolas *se lève / se réveille* à 9h45 du matin mais il reste au lit pendant un quart d'heure. Ensuite, il *se lève / se lave* et il va à la salle de bains pour *se laver / se reposer*. Il va dans sa chambre pour *s'habiller / se raser*, puis il téléphone à son copain Olivier. Olivier arrive à 10h15 et ils *se brossent / se promènent* en ville. Quand ils sont fatigués, ils *se peignent / se reposent* devant la télé. Le soir, Olivier rentre chez lui et Nicolas dîne avec nous. Il *se maquille / se couche* assez tard.

Activité 3 L'intrus

Dites ce que vous faites avec les objets illustrés en choisissant les mots de la case.

lave	**maquille**	**peigne**	**brosse les dents**	**lave les cheveux**

1. Je me ______________________________.
2. Je me ______________________________.
3. Je me ______________________________.
4. Je me ______________________________.
5. Je me ______________________________.

Nom ______________________________

Classe ______________________ Date ______________

Discovering FRENCH Nouveau!

BLANC

C

Activité 1 Qui dans ta famille...

Répondez aux questions.

1. . . . a les yeux bleus? ______________________
2. . . . a les cheveux marron? ______________________
3. . . . a la cheveux longs? ______________________
4. . . . a les dents blanches? ______________________
5. . . . a les jambes longues? ______________________

Activité 2 Le samedi

Décrivez la routine de votre famille, à l'aide des illustrations.

1. Mon père ______________ à 8h du matin.
2. Mon petit frère ______________ tout seul.
3. Nous ______________ avant le repas.
4. Je ______________ après le repas.
5. Mes petites soeurs ______________ à 21h.

Activité 3 Le matin

Complétez les phrases avec des articles de toilette, suivant les illustrations.

1. Je me lave avec du ______________.
2. Hélène se brosse les dents avec du ______________.
3. Ensuite, elle se maquille avec du ______________.
4. Anthony se lave les cheveux avec du ______________.
5. Ensuite, il utilise un ______________.

Nom ____

Classe ____________________ Date ____________ ____________

Discovering FRENCH Nouveau!

BLANC

LEÇON 20 J'ai voulu me dépêcher

A

Activité 1 Chut!

Faites correspondre les phrases qui ont approximativement le même sens.

_____ 1. Il ne faut pas parler.	a. Souvenez-vous en!
_____ 2. Il ne faut pas l'oublier.	b. Arrêtez-vous!
_____ 3. Il ne faut pas avancer.	c. Excusez-moi!
_____ 4. Il faut aller vite.	d. Dépêchez-vous!
_____ 5. Il faut dire pardon.	e. Taisez-vous!

Activité 2 Ce matin

Complétez les phrases. Est-ce qu'il faut faire l'accord entre le sujet et le participe passé? À vous de décider.

1. Mélanie ne s'est pas ____________________ tôt.
se lever

2. Elle s'est ____________________.
se laver les cheveux

3. Sa petite soeur s'est ____________________.
se brosser les dents

4. Ses frères se sont ____________________.
se dépêcher

5. Sa mère et sa grande soeur se sont ____________________.
se maquiller

Activité 3 Le week-end prochain

Complétez les phrases en décidant s'il faut mettre le verbe à l'infinitif avec **se** ou **me / nous**.

1. D'habitude, je me couche à 10h. Mais ce soir, il y a un bon film à 11h. Alors, je ne veux pas ____________________!
2. D'habitude, Amélie se lève à 6h30 mais ce week-end elle va ____________________ à 10h.
3. D'habitude, je me promène avec une amie mais demain je vais ____________________ avec mon copain.
4. D'habitude, nous ne nous dépêchons pas, mais si nous voulons arriver à l'heure, nous devons ____________________
5. D'habitude, nous ne nous reposons pas mais avant notre match de tennis, il va falloir ____________________!

Nom ______________________________

Classe ____________________ Date ____________

B

Activité 1 L'impératif

Mettez un cercle autour de l'impératif que quelqu'un va entendre dans les circonstances données.

1. Tu es à la bibliothèque quand ta copine arrive et commence à te parler.
   a. Amuse-toi! b. Dépêche-toi! c. Tais-toi!
2. Il est assez tard et tu es très fatigué. Ta mère entre dans la pièce et te dit:
   a. Excuse-toi! b. Couche-toi! c. Souviens-toi!
3. Tu arrives au ciné en retard. Tes amis sont déjà entrés dans la salle.
   a. Assieds-toi! b. Arrête-toi! c. Repose-toi!
4. Il est déjà 7h30 du matin et les cours commencent à 8h. Tu es toujours au lit.
   a. Lave-toi! b. Tais-toi! c. Lève-toi!
5. Tu pars en colonie de vacances. Tes parents te disent:
   a. Amuse-toi! b. Excuse-toi! c. Promène-toi!

Activité 2 Le week-end dernier

Complétez les phrases au passé composé, en décidant s'il faut faire, ou ne pas faire, l'accord entre le sujet et le participe passé.

1. (se brosser les cheveux) Christine s' ______________________.
2. (se laver les mains) Je me ______________________.
3. (se promener) Nous nous ______________________ en ville.
4. (s'amuser) Nous avons vu un film et nous nous ______________________.
5. (se dépêcher) Ensuite, nous nous ______________________ de rentrer.

Activité 3 Demain

Voici ce que Nicole va faire avant de sortir demain matin. Complétez les phrases.

1. Elle va ______________________ à 9h.
2. Elle va ______________________.
3. Elle va ______________________.
4. Elle va ______________________.
5. Elle va ______________________.

C

Activité 1 Aujourd'hui

Votre mère vous fait ses recommendations. Elle vous dit six choses à faire ou à ne pas faire pendant la journée, en utilisant l'impératif et un verbe réfléchi.

1. ☺ ______________
2. ☺ ______________
3. ☺ ______________
4. ☺ ______________
5. ☺ ______________
6. ☹ ______________

Activité 2 Une histoire

Réécrivez les phrases suivantes au passé composé pour raconter une histoire.

1. Je me lève à 7h. ______________
2. Je me brosse les dents. ______________
3. Je m'habille. ______________
4. Ma soeur et moi, nous nous dépêchons. ______________
5. Mon père s'arrête au feu rouge devant l'école. ______________

Activité 3 Tout à l'heure

Répondez aux questions en disant que ces personnes vont faire ces activités plus tard.

1. —Est-ce que vous vous asseyez ici?
   —Non, mais nous ______________.
2. —Est-ce que tu t'arrêtes à la bibliothèque?
   —Non, mais je ______________.
3. —Vous vous lavez les mains?
   —Non, mais nous ______________.
4. —Est-ce que tu te reposes?
   —Non, mais je ______________.
5. —Tu crois qu'ils s'amusent?
   —Non, mais je ______________.

UNITÉ 5 Reading Comprehension

A

Nouvelle Génération
Après-shampooing
Poids plume
Ce produit démêle sans alourdir!
C'est simple:
Vaporisez sur cheveux mouillés.
Il ne faut pas rincer.
Nouvelle Génération
Après-shampooing
Sans rinçage

Compréhension

1. Où est-ce qu'on met ce produit?

   sur ____________________

   ____

2. Est-ce que ce produit est un shampooing?

   oui   non

3. Quand est-ce qu'on utilise ce produit?

   après ____________________

   ____

4. Que veut dire **démêler**?

   ____

   ____

5. Est-ce qu'il faut rincer?

   oui   non

Qu'est-ce que vous en pensez?

1. Que veut dire **mouillé?**

   dry   wet

2. Que veut dire **poids plume?**

   light   heavy

Nom ____

Classe ______________________ Date ______________

B

Bon à savoir

Rollers en ville: quelques règles de bonne conduite

Pour l'instant, la loi considère les utilisateurs de rollers comme des piétons. À ce titre, ils sont censés se comporter comme ces derniers, à savoir qu'ils doivent:

- Rouler (doucement) sur les trottoirs ou à droite sur les pistes cyclables.
- Utiliser uniquement les passages réservés aux piétons pour traverser.
- Respecter les feux tricolores et, plus généralement, la signalisation.

Bien sûr, il faut adapter ces textes à la réalité, étant donné que l'intérêt de se déplacer en rollers, c'est d'aller plus vite qu'à pied! De plus, on peut penser qu'avec le million de paires vendues par an en moyenne, les trottoirs seront bientôt trop petits! L'essentiel, c'est de préserver la sécurité des utilisateurs de rollers comme celle des piétons. Pour cela, il est essentiel de suivre ces conseils:

- Portez des protections aux mains (impératif) et aux genoux, sans oublier le plus important: le casque sur la tête.
- Ne vous mêlez surtout pas à la circulation des autos et des deux-roues. N'essayez pas de rivaliser!
- Ne vous accrochez jamais derrière une voiture (encore moins derrière un bus). Promis?

Il n'y a aucune interdiction particulière pour garder les rollers dans le métro de Paris ou d'autres villes. En revanche, vous devrez les quitter dans l'autobus.

Compréhension

1. On trouve la base du mot **piéton** dans une partie du corps. Comment circule un **piéton?**

   en train   en voiture   à pied   à vélo

2. Les gens qui font du roller en ville doivent suivre les mêmes règles que les gens qui sont...

   à scooter.   à pied.   à moto.   à vélo.

3. Combien de paires de rollers sont vendues par an en France, approximativement?

   1 000   1 000 000   10 000   500 000

4. Quelles trois parties du corps est-ce qu'on doit protéger, selon l'article?

   les pieds   les genoux   les mains   le dos   la tête

5. Donnez un exemple d'un **deux-roues:**

   ____

Qu'est-ce que vous en pensez?

1. Que veut dire le verbe **se mêler?**

   ____

2. Comment dit-on "sidewalk" en français?

   ____

C

Compréhension

1. Que veut dire **bouger?**

   rester tranquille   être actif / active

2. Que veut dire **s'éclater?**

   s'amuser   s'ennuyer

3. Quel est le synonyme de **piste?**

   la montagne
   le chemin qu'on prend pour descendre
   le remonte-pente

4. Quel est le synonyme de **crevant?**

   amusant   ennuyeux   fatigant

5. Quel est l'équivalent de l'expression **Et puis quoi encore?**

   Oh oui, super!   Jamais de la vie!

6. Quand on dit **une aventure à partager,** ça veut dire:

   une aventure avec personne d'autre

   une aventure avec quelqu'un d'autre

Qu'est-ce que vous en pensez?

1. Comment dit-on, en français, "black diamond trail" en parlant de ski?

   ____

   ____

   ____

   ____

2. Que veut dire **squatter** et de quelle langue vient cette expression?

   ____

   ____

   ____

   ____

Quelle Sportive es-tu?

1 Quand tu vas en cours . . .
a tu prends le bus.
b . . . tu demandes que l'on t'emmène en voiture.
c . . . tu y vas à pied.

2 Pour le cours d'éducation physique:
a tu te fais dispenser le plus souvent possible.
b tu l'attends avec impatience.
c tu le suis, mais cela t'arrive de râler.

3 Le week-end . . .
a . . . tu te bouges un maximum.
b . . . tu fais du shopping.
c . . . tu dors.

4 En vacances:
a tu ne fais rien du tout.
b tu bouges un peu plus que pendant l'année.
c tu en profites pour découvrir de nouveaux sports.

5 Quand tu fais du vélo . . .
a . . . tu te chronomètres.
b . . . tu rêves d'un scooter.
c . . . tu t'éclates.

6 À la piscine, lorsque tu plonges, tu penses:
a au saut que tu vas effectuer après celui-là.
b à bien tendre tes jambes.
c à la température de l'eau.

7 Au ski, arrivée en haut des cimes:
a tu admires le paysage et repères la piste qui te convient.
b tu chausses tes skis et files vers la piste noire.
c tu pars à la recherche du refuge pour squatter la terrasse toute la journée.

8 Si on te dit «jogging», tu réponds:
a «J'adore!»
b «J'en fais de temps en temps.»
c «Je déteste, c'est crevant.»

9 T'inscrire dans un club de sport, tu en penses quoi?
a Et puis quoi encore?
b Génial, j'en rêve!
c Pourquoi pas un cours de danse . . .

10 Lorsque tu entends parler d'exploits sportifs, tu trouves que c'est:
a un sacré challenge.
b carrément débile.
c une aventure que tu aimerais partager.

	1	2	3	4	5	6	7	8	9	10
a	10	5	15	5	15	15	10	15	5	10
b	5	15	10	10	5	10	15	10	15	15
c	15	10	5	15	10	5	5	5	10	5

Résultats

De 50 à 80 points
Tu n'es pas sportive pour deux sous!

De 85 à 115 points
Tu es une sportive «normale»! Baignade, volley, tennis, tu apprécies aussi les randonnées . . . à pied, à cheval ou à vélo!

De 120 à 150 points
Tu es une vraie «miss compet'.» C'est très simple, sans activité physique, tu dépéris! L'entraînement ne te suffit pas toujours et tu participes à des compétitions.

Nom ______________________________

Classe ______________________ Date ______________

Discovering FRENCH Nouveau!

BLANC

Unité 6. Chez nous

LEÇON 21 La maison

A

Activité 1 Chez nous

Où se trouve les pièces?

	en haut	en bas		en haut	en bas
1. le grenier	❑	❑	4. la cave	❑	❑
2. la cuisine	❑	❑	5. le toit	❑	❑
3. le rez-de chaussée	❑	❑	6. le salon	❑	❑

Activité 2 Le mobilier et l'équipement

Dans quelle pièce se trouve le mobilier ou l'équipement suivant? Marquez les numéros sur l'illustration.

1. le lave-vaisselle
2. le lit
3. le four
4. la baignoire
5. le lavabo
6. le fauteuil
7. la douche
8. l'évier

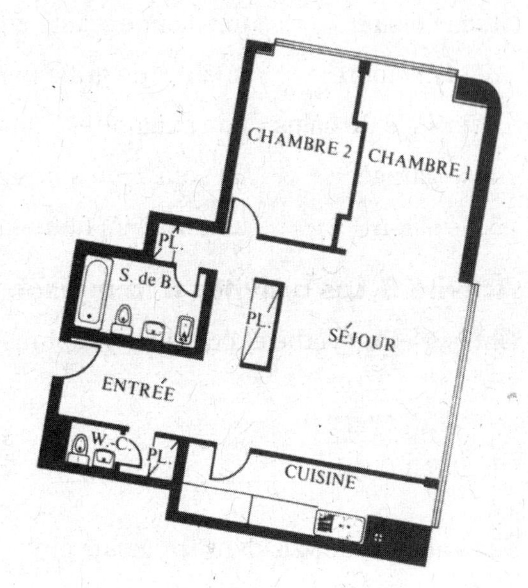

Activité 3 Les activités à la maison

Mettez un cercle autour des deux mots qui correspondent aux verbes donnés.

1. ouvrir — la fenêtre / le salon / le réfrigérateur / le fauteuil
2. fermer — le jardin / l'escalier / la porte / le four
3. allumer — la télé / la cuisinière / le grenier / le couloir
4. éteindre — l'étagère / la lampe / le toit / le four à micro-ondes
5. mettre — le lave-vaisselle / la cave / la douche / la table

Nom ____

Classe ______________________ Date ______________

Discovering FRENCH Nouveau!

BLANC

B

Activité 1 Les pièces de la maison

Choisissez la pièce où on fait les activités suivantes.

1. C'est là où on prend une douche. C'est ________________.
2. C'est là où on va se coucher. C'est ________________.
3. C'est là où on dîne. C'est ________________.
4. C'est là où on regarde la télévision. C'est ________________.
5. C'est là où on prépare les repas. C'est ________________.
6. C'est là où on garde les vieilles choses. C'est ________________.

la cuisine
la salle à manger
la chambre
la salle de bains
le salon
le grenier

Activité 2 Le mobilier et l'équipement

Mettez un cercle autour du mobilier ou de l'équipement qui se trouve dans la pièce donnée.

1. la cuisine — une lampe / une cuisinière / un four / des rideaux
2. la chambre — un lit / un grille-pain / une clé / un bureau
3. la salle de bains — une baignoire / un appareil / une douche / un lave-vaisselle
4. le garage — un sofa / un sous-sol / un vélo / une voiture
5. le salon — un toit / un fauteuil / un tapis / un évier

Activité 3 Les activités à la maison

Choisissez un verbe et complétez la phrase en conjugant le verbe.

1. Il fait froid. ______________ la [fenêtre] !
2. J'ai faim. Je vais dans la cuisine et j'__________ le [réfrigérateur] .
3. Le poulet est prêt. J'__________ le [four] .
4. J'entre dans le salon. J'__________ la [lampe] .
5. Il est 19h. __________ la [table], Maman sera contente.

Nom ____

Classe ____________________ Date ______________

Discovering FRENCH Nouveau!

BLANC

C

Activité 1 Questions

Répondez aux questions.

1. Est-ce que tu habites dans une ville ou un village?

____

2. Est-ce que vous habitez dans un appartement ou une maison individuelle?

____

3. Combien de pièces et de chambres y a-t-il chez vous?

____

4. À quel étage est ta chambre?

____

5. Est-ce qu'il y a un grenier et une cave?

____

Activité 2 Les pièces de la maison

Écrivez, dans les pièces, le nom de deux ou trois choses qui s'y trouvent.

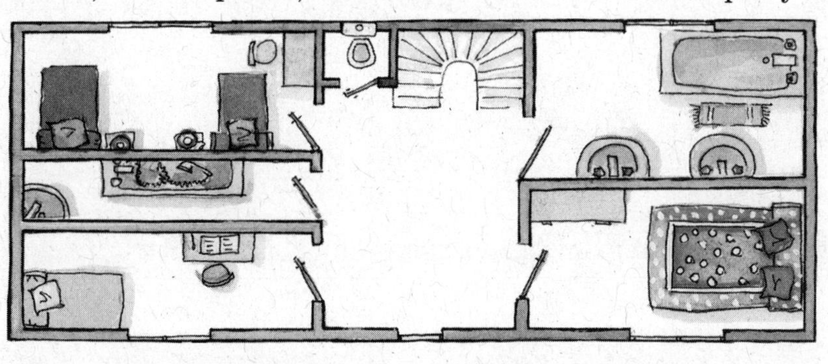

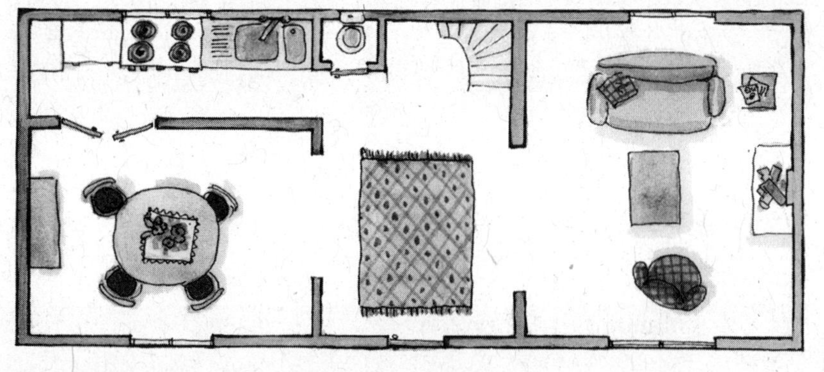

Activité 3 Les activités à la maison

Choisissez le verbe qui convient dans chaque phrase et écrivez la forme correcte.

1. Quand il fait chaud dans la pièce, nous ____________ la fenêtre.
2. Quand je sors, je ____________ la porte à ____________.
3. À partir de 18h, nous ____________ les lampes.
4. Le poulet est prêt. J'____________ le four.
5. Nous ____________ la table à 19h et nous dînons à 20h.

LEÇON 22 C'est quelqu'un que tu connais

A

Activité 1 Vivre

Complétez les phrases avec la forme correcte du verbe **vivre**. Marquez d'un astérisque les phrases dans lesquelles on peut aussi utiliser le verbe **habiter**.

1. Je __________ dans un appartement.
2. Nous __________ à Boston depuis cinq ans.
3. Avant, nous avons __________ à Los Angeles.
4. Mes grands-parents __________ une vie simple.
5. Mes parents ne veulent pas __________ à la campagne.

Activité 2 La semaine dernière

Décidez s'il faut utiliser **avoir (a)** ou **être (b)** pour mettre ces verbes au passé composé.

____ 1. parler	____ 5. monter	____ 9. s'habiller
____ 2. se coucher	____ 6. être	____ 10. aller
____ 3. vivre	____ 7. montrer	____ 11. avoir
____ 4. venir	____ 8. se réveiller	____ 12. partir

Activité 3 Dialogues

Complétez les phrases avec **qui** ou **que.**

— Comment s'appelle le [garçon] ________ je vois là-bas?

— Le garçon ________ parle avec [fille] ? Il s'appelle Matt.

— Tiens, voilà le [livre] ________ j'ai lu pendant les vacances.

— Merci, je vais le lire aussi.

— Est-ce que tu as vu les [clés] ________ j'ai mises sur la table?

— Elles étaient à toi, les clés ________ étaient sur la [table] ?

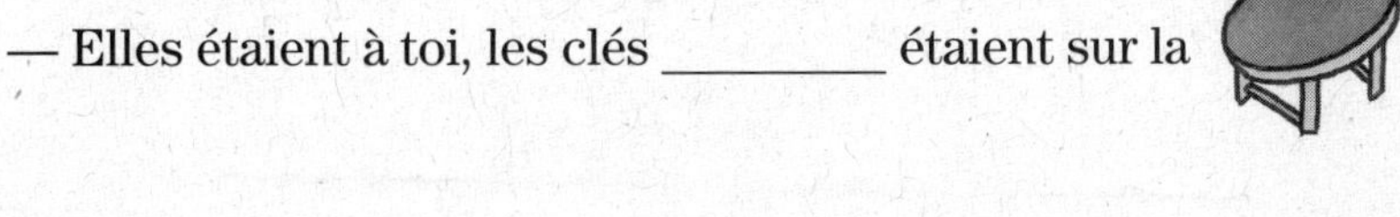

Nom ____

Classe ______________________ Date ______________

B

Activité 1 Vivre

Complétez les phrases avec la forme correcte du verbe **vivre.** Marquez d'un astérisque les phrases dans lesquelles on peut aussi utiliser le verbe **habiter.**

1. Nous ______________ dans le centre-ville.
2. Nos voisins, les Dupont, ______________ bien, maintenant que M. Dupont a du travail.
3. Mes grands-parents ______________ à la campagne depuis cinq ans.
4. Ma tante ______________ à Bruxelles pendant cinq ans.
5. Mon ami d'enfance ______________ à Londres.

Activité 2 La semaine dernière

Répondez aux questions suivantes au passé composé.

1. Où *allez*-vous, le jeudi?
   Jeudi dernier, ____.
2. Qu'est-ce que tu *reçois*, pour ton anniversaire?
   Pour mon anniversaire, ______________________________________.
3. Qu'est-ce que tu *écoutes?*
   Hier, ____.
4. À quelle heure est-ce que vous *rentrez* chez vous?
   Ce soir, ____.
5. Où est-ce qu'elles se *lavent* les mains? En haut?
   Oui, ____.

Activité 3 Qui ou que?

Votre voisin, M. Lefèvre, vous décrit la nouvelle maison que sa femme et lui ont trouvée. Complétez le paragraphe avec **qui** ou **que.**

La maison _____ nous avons trouvée est dans un lotissement moderne. Le jardin _____ est derrière la maison est grand avec un rosier _____ ma femme adore et un garage _____ peut contenir deux voitures. Il y a même une piscine _____ les enfants vont aimer. Voici quelques photos des pièces. Les chambres _____ sont au premier étage sont grandes et la cuisine, _____ ma femme trouve magnifique, est grande aussi.

Nom ______________________________

Classe ____________________ Date ______________

C

Activité 1 Vivre

Complétez les phrases suivantes en utilisant une forme de **vivre** et une expression de la case.

1. Un jour, je voudrais ______________________.
2. Mes grands-parents ______________________.
3. Est-ce que tu ______________________?
4. Est-ce que vous ______________________?
5. Il y a dix ans, nous avons ______________________.

dans une grande ville
dans un lotissement
dans une ferme
dans le centre-ville
à la campagne
dans une maison individuelle
dans un appartement

Activité 2 C'est fait

Récrivez les phrases suivantes au passé composé.

1. Elle rentre à 7h. ______________________
2. Ils préparent le dîner. ______________________
3. Je mets la table. ______________________
4. Nous nous lavons les mains. ______________________
5. Vous deux, est-ce que vous vous couchez tôt? ______________________

Activité 3 Présentations

Complétez les phrases suivantes d'une façon logique.

1. Voilà l'amie qui ______________________.
2. Voilà le garçon que ______________________.
3. La femme que ______________________.
4. Le foot est un sport que ______________________.
5. J'aime les gens qui ______________________.

Nom ______________________

Classe ______________ Date ______________

Discovering FRENCH Nouveau!

BLANC

LEÇON 23 À Menthon-Saint-Bernard

A

Activité 1 Habitudes

Complétez les phrases à l'imparfait.

1. Le matin, nous __________ à l'école.

2. L'hiver, nous __________ du ski.

3. J'__________ avec Maman.

4. L'été, je __________ du vélo.

5. Nous __________ dans une maison.

Activité 2 Quand?

Dans chaque paire, mettez un cercle autour de l'expression de temps qui s'utilise le plus souvent avec l'imparfait.

1. plusieurs fois	autrefois	4. chaque jour	un jour
2. le soir	un soir	5. une fois	d'habitude
3. un jeudi	tous les jeudis	6. un hiver	parfois

Activité 3 Une fois ou d'habitude?

Décidez si les phrases suivantes décrivent une action habituelle **(a)** ou spécifique **(b)**. Ensuite, mettez le verbe au passé composé ou à l'imparfait.

Modèle: Un jour, je vais au ciné. b: je suis allé(e)

1. Le matin, je vais à l'école. __________
2. L'après-midi, je fais mes devoirs. __________
3. Jeudi, je vais à la piscine. __________
4. Samedi matin, je vais me promener. __________
5. Ma copine arrive à 4h. __________

Nom ______________________________

Classe ______________________ Date ______________

B

Activité 1 Le samedi

Complétez les phrases avec le verbe à l'imparfait.

1. Il __________ à ses cousins le matin.
2. Nous __________ les courses.
3. Elles __________ au café l'après-midi.
4. Nous __________ .
5. Je __________ la télévision, le soir.

Activité 2 Habitudes

Mettez un cercle autour de la forme correcte de l'imparfait et soulignez l'expression de temps.

1. On va / *allait* au cinéma tous les samedis.
2. Je *donnais* / donne parfois des cadeaux à mes grands-parents.
3. Mes amis me rendais / *rendaient* visite chaque week-end.
4. Nous jouons / *jouions* souvent aux jeux d'ordinateur.
5. Tu *faisais* / *fais* tes devoirs le soir.

Activité 3 Quelques situations

Décidez si les phrases suivantes décrivent une action habituelle / progressive **(a)** ou spécifique **(b)**.

1. J'aidais (___) ma mère dans le jardin quand il a commencé (___) à pleuvoir.
2. Elle lisait (___) un livre quand quelqu'un lui a téléphoné (___).
3. L'accident s'est passé (___) quand j'étais (___) à la boulangerie.
4. Nous dînions (___) au restaurant quand ma tante est passée (___) par hasard.
5. Tu as levé la main (___) pendant que le prof parlait (___).

C

Activité 1 D'habitude, le week-end

Mettez les phrases à l'imparfait.

1. Nous sommes sortis. ______________________
2. Nous avons joué aux cartes. ______________________
3. J'ai regardé un film avec mon frère. ______________________
4. Ma soeur a mis la table. ______________________
5. Mes cousins ne sont pas allés à la piscine. ______________________

Activité 2 Des activités variées

Faites des phrases à l'imparfait avec les éléments donnés.

1. Olivier / chaque après-midi ______________________
2. Mes copains / le mercredi ______________________
3. Tu / chaque soir ______________________
4. Nous / tous les samedis ______________________
5. Je / tous les étés ______________________

Activité 3 Un jour

Complétez les phrases avec un verbe à l'**imparfait** ou au **passé composé,** selon le reste de la phrase.

1. Il a commencé à neiger quand ______________________.
2. ________ au café quand il y eu un accident dans la rue.
3. Mes parents se promenaient au centre commencial quand ______________________.
4. Nous __________ des photos quand il a commencé à pleuvoir.
5. Le voisin dormait quand ______________________.

LEÇON 24 Montrez-moi vos papiers!

A

Activité 1 La route

Faites correspondre les termes et leur définition.

____	1. une personne qui a vu un accident	a. une conductrice
____	2. passer d'un côté à l'autre de la rue	b. un témoin
____	3. quelqu'un qui conduit une voiture	c. heurter
____	4. frapper contre quelque chose ou quelqu'un	d. traverser

Activité 2 Hier

Décidez s'il faut utiliser l'imparfait ou le passé composé, puis transformez le verbe.

Modèle: Il est [12:00]. (l'imparfait) le passé composé Il était midi.

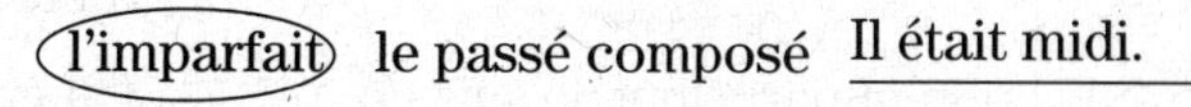

1. Il *fait* . l'imparfait le passé composé ____________

2. Je *me promène* dans le 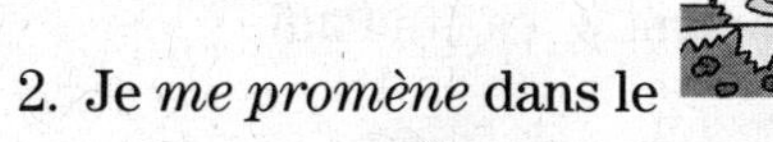. l'imparfait le passé composé ____________

3. Je *vois* des 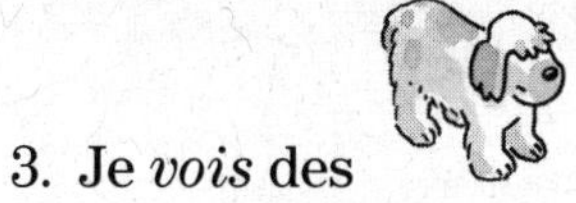. l'imparfait le passé composé ____________

4. J'*ai* . l'imparfait le passé composé ____________

5. Je *vais* au 

. l'imparfait le passé composé ____________

Activité 3 Une histoire

Mettez un cercle autour des verbes qui complètent correctement le paragraphe.

Hier, *je prenais* / *j'ai pris* le métro quand je *rencontrais* / *j'ai rencontré* mes copines Claire et Nathalie. On décidait / *a décidé* d'aller au café. *Je* / J' / *mangeais* / ai mangé un sandwich et mes amies ont bu / *buvaient* un soda quand tout à coup, il commençait / *a commencé* à pleuvoir!

Nom ______________________________________ Discovering FRENCH Nouveau!

Classe ______________________ Date ______________

BLANC

B

Activité 1 Un accident

Mettez un cercle autour de l'expression qui convient.

1. *Le conducteur* / *Le panneau* de la voiture était un vieil homme.
2. Il est arrivé au témoin / *panneau*.
3. Une moto *a heurté* / a traversé la voiture.
4. Une voiture de police arrivait / *est arrivée*.
5. Comme j'étais *témoin* / conductrice, j'ai dit au policier ce que j'ai vu.

Activité 2 Hier

Pour mettre l'histoire au passé, décidez s'il faut utiliser l'imparfait ou le passé composé.

1. Ce matin, je me réveille à 7h.
   - Hier matin, je me réveillais à 7h.
   - Hier matin, je me suis réveillé à 7h.
2. Je suis content parce que je suis en vacances.
   - J'ai été content parce que j'ai été en vacances.
   - J'étais content parce que j'étais en vacances.
3. Le téléphone sonne. C'est Paul.
   - Le téléphone a sonné. C'était Paul.
   - Le téléphone sonnait. Ça a été Paul.
4. Il m'invite chez lui.
   - Il m'invitait chez lui.
   - Il m'a invité chez lui.
5. Je vois son nouveau scooter.
   - J'ai vu son nouveau scooter.
   - Je voyais son nouveau scooter.

Activité 3 Une histoire

C'est lundi et Philippe raconte à sa copine Anna ce qui s'est passé samedi soir. Mettez un cercle autour des verbes qui complètent correctement son histoire.

Samedi soir, Nicolas et moi, nous *sommes allés* / *allions* chez Daniel pour regarder la télé et jouer aux jeux vidéo. Ensuite, il *était* / *a été* tard, alors on *décidait* / *a décidé* de partir. Mais il a *neigé* / *neigeait*! Quelle surprise! Nous *ne voulions pas* / *n'avons pas voulu* avoir d'accident, alors on a *conduit* / *conduisait* très prudemment. Ça nous *a pris* / *prenait* deux heures pour rentrer—normalement, ça prend une demi-heure!

C

Activité 1 Le témoin

Tu es témoin d'un accident. Répondez aux questions de la police.

1. Quel temps faisait-il?

____

2. Combien de voitures est-ce qu'il y avait dans la rue?

____

3. Qu'est-ce qui est arrivé?

____

4. S'il y avait des autres témoins, combien étaient-ils?

____

5. Décrivez la personne qui conduisait.

____

Activité 2 Le premier jour de l'école

Aurélie raconte ce qui s'est passé le premier jour de l'école.

1. Quand je suis arrivée à l'école, mes amis ______________________.
2. Je suis allée vers le bâtiment et ils ______________________.
3. Je suis entrée dans la classe. La prof ______________________.
4. Pendant la récréation, je jouais avec un ballon quand ______________________.
5. Je lui ai dit de ne pas faire ça, mais il ______________________.

Activité 3 Un match de foot

Mettez un cercle autour du verbe qui convient.

Samedi, nous *sommes allés / allions* au match de foot entre Paris-St Germain et Bordeaux. Le match *était / a été* à Paris. Il *commençait / a commencé* à 16 heures. Il a *plu / pleuvait*, mais nous avons *été / étions* contents d'assister au match. L'orchestre *a joué / jouait* pendant la mi-temps. Ensuite, Paris-St Germain a *marqué / marquait* un but. Mais à la dernière minute, Bordeaux a *tiré / tirait* deux buts et ils *ont gagné / gagnaient* le match. *C'était / Ça a été* un match intéressant.

UNITÉ 6 Chez nous

Lecture

A

Les Belles Propriétés

mai/juin 2013 numéro 56

DE PARTICULIER À PARTICULIER

Dans ce numéro:

- Les belles maisons, les châteaux et autres belles propriétés…
- Les beaux appartements
- Les propriétés outre-mer et ailleurs
- Les villégiatures de prestige

Des centaines de propriétés et de beaux appartements!

TOUS LES JEUDIS

TOUT L'IMMOBILIER

De Professionnel à Particulier

VENTES – LOCATIONS
Appartements

Maisons –
Parkings et Garages

Immeubles -
Immobilier d'entreprise

Chercher sur Internet aussi!

5 000 ANNONCES!

PARUTION 30 JUIN 2012

Compréhension

1. Vous cherchez un château dans le sud de la France. Quel magazine allez-vous acheter?

   Tout l'Immobilier **Les Belles Propriétés** les deux

2. Vous cherchez un stationnement. Quel magazine allez-vous acheter?

   Tout l'Immobilier **Les Belles Propriétés** les deux

3. Quel magazine apparaît plus souvent?

   Tout l'Immobilier **Les Belles Propriétés** les deux

4. Quel magazine vous offre la possibilité de chercher sur Internet?

   Tout l'Immobilier **Les Belles Propriétés** les deux

5. Que veut dire **immobilier d'entreprise?**

   ____

Qu'est-ce que vous en pensez?

1. Comment dit-on "postings" en français?

   ____

2. Que veut dire **particulier?**

   ____

Nom ______________________________

Classe ______________________ Date ______________

B

Décor!
Spécialiste du canapé déhoussable
Plus de 40 modèles de canapés fixes ou convertibles. Déhoussables et réalisables dans plus de 400 tissus.
Meubles en pin massif, fer forgé!
576, avenue de la Bourdonnais 75005 Paris

Compréhension

1. Qu'est-ce qu'on vend dans ce magasin?

   des meubles   des tableaux   des journaux

2. Quel est le synonyme de **sofa?**

   ____

3. Choisissez un exemple de tissu.

   pin   velours   fer

4. Que veut dire **pin massif?**

   solid pine   solid mahogany   solid maple   solid oak

Qu'est-ce que vous en pensez?

1. Comment dit-on **canapés convertibles** en anglais?

   ____

2. Que veut dire **déhoussable?**

   ____

C

Côte d'Azur, à 10 min de la mer!

Grasse (Alpes-Maritimes), 10 min de Cannes. Mer, soleil. Appartement de caractère dans immeuble ancien. 50 m² habitables. Au 5e et dernier étage, ascenseur. Terrasse avec vue panoramique sur collines jusqu'à la mer. Grandes fenêtres. 3 balcons, salle de bains. Plein sud. Parfait état. 200,000 €. Son propriétaire répond au 04.93.55.55.00.

Compréhension

1. Dans quelle région de la France se trouve cet appartement?

 ____

2. Est-ce que c'est un immeuble moderne?

 ____

3. Combien d'étages y a-t-il?

 ____

4. À quel étage est l'appartement?

 ____

5. Comment dit-on "owner" en français?

 ____

Qu'est-ce que vous en pensez?

1. Pourquoi dit-on que c'est un **appartement de caractère?**

 ____

2. Est-ce que cet appartement coûte cher, à votre avis?

 ____

Unité 7. Soyez à la mode!

LEÇON 25 Achetons des vêtements!

A

Activité 1 Les vêtements et les accessoires

Ajoutez, dans chaque série, le mot qui la complète.

une bague	une chemise	un blouson	un blazer	des baskets

1. ______________ un costume un tailleur
2. ______________ des tennis des bottes
3. ______________ un imper un manteau
4. ______________ un collier des boucles d'oreilles
5. ______________ un chemisier un pull

Activité 2 La couleur, le tissu et le dessin

Choisissez deux mots qui indiquent la couleur, le tissu ou le dessin de ces vêtements.

1. à carreaux en polyester uni en toile
2. à fleurs en velours en laine de fourrure
3. en caoutchouc en soie à rayures de fourrure
4. de cuir à carreaux à fleurs en laine
5. en plastique en toile en coton bleu

Activité 3 Dialogues

Choisissez la meilleure réponse.

1. Est-ce que tu vas prendre la robe?
   a. Oui, parce qu'elle est affreuse.
   b. Oui, parce qu'elle est en solde.
2. Quelle est votre pointure?
   a. Elle me va bien.
   b. Je fais du 39.
3. Vous avez choisi?
   a. Non, je vais réfléchir.
   b. Je porte du 38.
4. Est-ce que le maillot de bain vous va?
   a. Non, il est trop cher.
   b. Non, il est trop étroit.

Nom ______________________________________

Classe ____________________ Date ____________________

B

Activité 1 Les vêtements et les parties du corps

Quel vêtement n'est normalement pas associé avec la partie du corps donnée?

1. la tête	un chapeau	un blouson	une casquette
2. les jambes	un imper	un pantalon	des collants
3. les mains	une cravate	une bague	des gants
4. les pieds	des baskets	une jupe	des chaussettes
5. les bras	un sweat	un polo	des tennis

Activité 2 Les vêtements et les endroits

D'abord, complétez les phrases en identifiant les vêtements. Puis, décidez si les phrases sont logiques ou non.

1. Mon père porte un ____________ à la plage. oui non
2. Pour aller au lycée, je mets une ____________ bleue. oui non
3. Je mets des ____________ en laine en été. oui non
4. Ma mère porte un ____________ gris au travail. oui non
5. Je porte un ____________ pour faire de la natation. oui non

Activité 3 Au magasin

Faites correspondre la question de la vendeuse avec la réponse la plus logique.

_____ 1. —Aimez-vous ce tissu à rayures?

_____ 2. —Quelle est votre pointure?

_____ 3. —Vous préférez les sandales en cuir ou en caoutchouc?

_____ 4. —Est-ce que ces chaussures vous vont?

_____ 5. —Qu'est-ce que vous pensez de ce pull en solde?

a. —Pour la plage, je préfère le caoutchouc.

b. —C'est un très beau pull.

c. —Je fais du 39.

d. —Oui, mais je préfère le tissu uni.

e. —Non, elles sont trop grandes.

C

Activité 1 Qu'est-ce qu'ils portent?

Écrivez le nom des vêtements et des accessoires que portent ces personnes dans les circonstances suivantes.

1. Marc va au stade. Il porte ______________________.
2. Mme. Martin est au bureau. Elle porte ______________________.
3. Christine va à la plage. Elle porte ______________________.
4. Philippe va à l'école. Il porte ______________________.
5. Je sors et il pleut. Je porte ______________________.

Activité 2 La tenue

Décrivez, avec deux noms de vêtements ou d'accessoires, la tenue que vous associez avec les personnes suivantes.

1. le président des États-Unis ______________________
2. une joueuse de tennis ______________________
3. un jockey (à cheval) ______________________
4. quelqu'un de Londres quand il pleut ______________________
5. une femme, le soir d'un bal ______________________

Activité 3 Au magasin

Vous cherchez un nouveau pantalon. Répondez aux questions de la vendeuse.

1. —Vous désirez? —______________________
2. —Quelle est votre taille? —______________________
3. —Qu'est-ce que vous aimez, comme tissu? —______________________
4. —Est-ce que le pantalon vous va? —______________________
5. —Est-ce qu'il vous plaît? —______________________

Nom ___________________________________

Classe ______________________ Date ______________ ______________

Discovering FRENCH Nouveau!

BLANC

LEÇON 26 Armelle compte son argent

A

Activité 1 Un repas français

Vous souvenez-vous de l'ordre dans lequel les aliments sont consommés, dans un repas français? Identifiez les aliments et choisissez le nombre ordinal correct.

en deuxième	en cinquième	en troisième	en premier	en quatrième

1. 2e Je mange ______________ ______________.
2.  5e Je prends ______________ ______________.
3.  4^e Je mange ______________ ______________.
4.  1^e Je mange ______________ ______________.
5.  3e Je mange ______________ ______________.

Activité 2 Les vêtements

Mettez un cercle autour de l'adjectif qui fait l'accord avec le vêtement illustré ou la personne.

1. des *mignons / mignonnes*
2. un *nouveau / nouvel* *chère / cher*
3. une vendeuse *attentive / attentif*
4. de *vieux / vieilles*  *originales / originaux*
5. une *belle / beau*  *français / française*

Activité 3 L'école et le week-end

Choisissez l'adverbe qui convient.

1. Je viens d'apprendre l'allemand et je comprends *difficilement / rapidement* mon prof.
2. Quand un adulte me pose des questions, j'essaie de répondre *lentement / poliment.*
3. Au lycée, mes amis s'habillent *élégamment / normalement* en jean avec un pull.
4. D'habitude, j'arrive au cinéma *ponctuellement / lentement* pour voir le début du film.
5. Je vais *rarement / facilement* à l'étranger.

Nom ____

Classe ______________________ Date ______________

Discovering FRENCH Nouveau!

BLANC

B

Activité 1 Un magasin cher

Répondez aux questions d'une cliente et écrivez les nombres en entier.

1	2	3	4	5
400 €	125 €	140 €	250 €	190 €

1. —Ça fait combien?
   —__________ coûte __________________.
2. —Et celles-ci?
   —__________ coûtent __________________.
3. —Et celui-ci?
   —__________ coûte __________________.
4. —Et ceci?
   —__________ coûte __________________.
5. —Et finalement, celui-ci?
   —__________ coûte __________________.

Activité 2 Les vêtements

Mettez un cercle autour des deux adjectifs qui conviennent.

1. une *nouvelle / vieux / bel* *vert / bleue / cher*
2. de *nouvel / vieils / belles* *mignons / italiennes / blancs*
3. de *vieux / belles / nouveau* *beiges / normales / moche*
4. une *belle / nouvel / vieil* *sportive / ponctuelle / cher*
5. un *nouvel / vieux / beau* *blanche / violette / anglais*

Activité 3 Situations

Assortissez l'adverbe avec la situation.

_____ 1. Avant l'examen, j'écoute
_____ 2. Je parle à mon petit frère
_____ 3. À la ferme, on vit . . .
_____ 4. Même si je ne suis pas content, je réponds
_____ 5. Surtout en ville, il faut conduire

a. calmement
b. attentivement
c. prudemment
d. patiemment
e. simplement

Nom ________________________________

Classe ____________________ Date ____________

Discovering FRENCH Nouveau!

BLANC

C

Activité 1 Questions

Répondez aux questions en faisant des phrases complètes et en écrivant les nombres en entier.

1. Combien d'étudiants y a-t-il dans ta classe? ____________
2. Combien d'habitants y a-t-il dans ta ville? ____________
3. Combien coûte une belle maison dans ton quartier? ____________
4. Combien coûte l'ordinateur que tu voudrais acheter? ____________
5. Combien coûte une voiture neuve? ____________

Activité 2 Liste d'achats

Faites des phrases complètes pour indiquer ce que vous allez acheter et dans quel ordre, en vous servant des éléments donnés.

1. en coton / noir (5è) ____________
2. original / à rayures (3è) ____________
3. marron / long (4è) ____________
4. nouveau / blanc (1er) ____________
5. bleu / beau (2è) ____________

Activité 3 François

généreusement	**sérieusement**	**simplement**	**lentement**	**prudemment**

Choisissez l'adverbe qui correspond aux descriptions de François.

1. Sa vie n'est pas compliquée. Il vit ____________.
2. Il fait attention sur la route. Il conduit ____________.
3. À l'école, il travaille beaucoup. Il étudie ____________.
4. Il ne marche pas vite. Il marche ____________.
5. Il donne beaucoup d'argent aux gens. Il donne ____________.

Nom ___________________________________

Classe ___________________ Date ____________

Discovering FRENCH Nouveau!

BLANC

LEÇON 27 Corinne a une idée

A

Activité 1 La comparaison

Complétez les phrases avec les adjectifs donnés, en les mettant à la forme comparative (**plus, moins + adjectif**).

lourd	**rapide**	**chaud**	**gentil**	**bon marché**

1. À , il fait ____________________ qu'à .
2. Une est ____________________ qu'une .
3. En général, les sont ____________________ que les .
4. Évidemment, ma est ____________________ que ta .
5. est sympa, mais est encore ____________.

Activité 2 L'adverbe

Choisissez l'adverbe qui convient.

1. Céline Dion chante ____________ que moi.
2. Comme il pleut, il faut conduire plus ____________ que d'habitude.
3. Ma petite soeur de quatre ans se couche plus ____________ que moi.
4. Ma mobylette va aussi ____________ que ton scooter.
5. Mon père rentre du travail plus ____________ que ma mère.

longtemps
lentement
mieux
tard
tôt
vite

Activité 3 La comparaison et le superlatif

Complétez les phrases avec un comparatif ou un superlatif, suivant l'indication.

le plus rapide	**moins vite**	**meilleur**	**mieux**	**la plus grande**

1. Olivier parle __________ français que Robert.
2. La robe est __________ marché que la jupe.
3. Véronique est __________ de sa famille.
4. Philippe court __________ que moi.
5. Le TGV est le train __________ d'Europe.

Nom ______________________________

Classe ______________________ Date ______________

Discovering FRENCH Nouveau!

BLANC

B

Activité 1 La comparaison

Complétez les phrases en choisissant un adjectif et en le mettant à la forme comparative.

grand	lourd	cher	froid	bon marché

1. Un  coûte ____________________ qu'un  .
2. Ces  sont ____________________ que ces  .
3. En 4 JAN, il fait ____________________ qu'en 5 JUIL.
4.  est ____________________ que  .
5. Un  est ____________________ qu'un  .

Activité 2 Est-ce logique?

Les phrases suivantes sont-elles logiques ou pas? À vous de décider.

	logique	pas logique
1. Quand il pleut, je conduis plus prudemment que d'habitude.	❑	❑
2. Un scooter va aussi vite qu'une voiture.	❑	❑
3. J'étudie plus sérieusement en période d'examens.	❑	❑
4. Nous nous réveillons plus tôt le samedi que le mercredi.	❑	❑
5. Je m'habille mieux quand je vais au restaurant.	❑	❑

Activité 3 Correspondances

Faites correspondre le début et la fin de chaque phrase.

____ 1. Pour moi, la fête la plus importante,
____ 2. Le dessert le plus délicieux,
____ 3. Mon cadeau d'anniversaire le plus utile,
____ 4. L'animal le plus grand,
____ 5. Le meilleur animal domestique,

a. c'est la girafe.
b. c'est le jour d'action de grâce.
c. c'est le chien.
d. c'est un appareil-photo.
e. c'est la Tarte Tatin.

Nom ______________________________

Classe ______________________ Date ______________

Discovering FRENCH Nouveau!

BLANC

C

Activité 1 Des comparaisons

Comparez-vous aux personnes suivantes.

1. (frère ou soeur) ______________________________
2. (cousin ou cousine) ______________________________
3. (grands-parents) ______________________________
4. (meilleur(e) ami(e)) ______________________________

Activité 2 Des résolutions

Décrivez vos résolutions du nouvel an, à l'aide des indices donnés.

Modèle: / sérieux — Je vais étudier plus sérieusement.

1. / tôt ______________________________
2. / bien ______________________________
3. / vite ______________________________
4. / souvent ______________________________
5. / souvent ______________________________

Activité 3 À votre avis . . .

Répondez aux questions en utilisant un superlatif.

1. Quel est l'animal domestique le plus propre? ______________________________
2. Quelle est la meilleure matière au lycée? ______________________________
3. Quel sport a les athlètes les plus sportifs? ______________________________
4. Quel est le plus bel immeuble en ville? ______________________________
5. Quel est le meilleur fruit? ______________________________

Nom ____

Classe _______________________ Date _______________ ______________

LEÇON 28 Les vieilles robes de Mamie

A

Activité 1 Au restaurant

Complétez les phrases avec un pronom interrogatif, en choisissant entre **lequel, laquelle, lesquels** ou **lesquelles.**

1. Il y a deux , l'un à 20 €, l'autre à 35 €. ___________ préférez-vous?
2. Nous offrons un  ou un . ___________ préférez-vous?
3. Comme légumes, vous avez le choix entre les 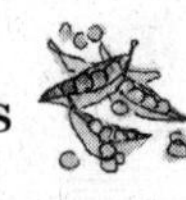, les ou les . ___________ préférez-vous?
4. Il y a une  verte et une  mixte. ___________ préférez-vous?
5. Nous avons des 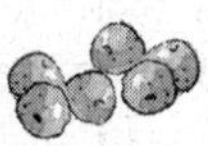 de Tunisie et des  d'Espagne. ___________ préférez-vous?

Activité 2 Des achats

Les grands-parents gâtent (*spoil*) leurs petits-enfants. Faites correspondre les questions et les réponses.

____ 1. —Tu veux cette -ci ou cette -là?

____ 2. —Tu veux ces -ci ou ces 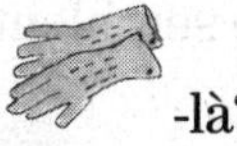-là?

____ 3. —Tu veux ce 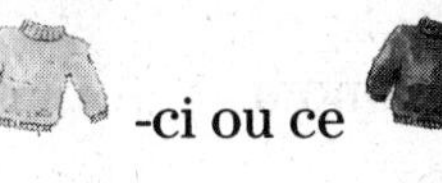-ci ou ce -là?

____ 4. —Tu veux ces  ou ces -là?

a. —J'aime celui-ci.
b. —J'aime celle-là.
c. —J'aime celles-ci.
d. —J'aime ceux-là.

Activité 3 Dialogues

Mettez un cercle autour du mot qui convient.

1. —Tu aimes bien tes voisins?
—*Lesquels / Lesquelles?*
—*Celles / Ceux* qui habitent en haut.
—Oui, mais je préfère *ceux / celles* qui habitent en bas.

2. —Tu connais le garçon là-bas?
—*Lequel / Lesquels?*
—*Celui / Ceux* qui parle au garçon blond.
—Non, mais je connais *ceux / celui* qui écoute.

3. —Tu vas acheter ces chaussures?
—*Lesquels / Lesquelles?*
—*Celles / Ceux* que tu regardais là-bas.
—Non, je vais prendre *ceux / celles* qui sont en solde.

4. —Tu vois la boutique d'en face?
—*Lequel / Laquelle?*
—*Celle / Celui* que la dame vient d'ouvrir.
—Ah, *celui-là / celle-là?* On m'a dit que les prix y sont très raisonnables.

Nom ____

Classe ______________________ Date ______________

B

Activité 1 Un prêt

Martine prête ses affaires à sa camarade de chambre. Faites correspondre les réponses aux questions.

____ 1. J'ai un en cuir et un en velours. a. Laquelle veux-tu?

____ 2. J'ai des en cuir et des en velours. b. Lequel veux-tu?

____ 3. J'ai une à rayures et une unie. c. Lesquels veux-tu?

____ 4. J'ai des noires et des marron. d. Lesquelles veux-tu?

Activité 2 Les loisirs

Complétez le paragraphe suivant avec la forme correcte du pronom démonstratif, choisissant entre **celui, celle, ceux** ou **celles**.

Moi, j'adore les sports, mais je n'aime pas ______ qui sont violents, comme la boxe ou même le hockey. Les films? J'aime ______ qui sont amusants, comme les films d'aventure et les comédies. Comme musique, j'aime ______ d'Enrique Iglesias mais je n'aime pas ______ de Britney Spears. Mes chansons préférées? ______ des Rolling Stones. J'aime bien lire, aussi. Mon livre préféré? Il y en a trop. Mais ______ de Tom Clancy, que je n'ai pas lus, me semblent intéressants.

Activité 3 Questions

Répondez aux questions avec la forme correcte du pronom interrogatif ou démonstratif.

celui	**lequel**
celle	**laquelle**
ceux	**lesquelles**
celles	**lesquelles**

1. Mme Leblanc? C'est bien ______ qui enseigne la géo?
2. Paul et Adrienne? Ce sont ______ qui veulent être astronautes.
3. Tu achètes une casquette? ________? ______-ci ou ______-là?
4. Tu veux voir un film? ________? ______-ci ou ______-là?
5. Nicole et Stéphanie? Ce sont ______ qui nous apportent les sandwichs.

Nom ______________________________

Classe ____________________ Date ______________

C

Activité 1 Les affaires

Vous donnez quelques affaires à votre petit frère. Écrivez des questions en utilisant le pronom interrogatif (**lequel, laquelle, lesquels, lesquelles**).

1. Tu peux avoir quelques CD. ______________________
2. Tu peux avoir un tee-shirt. ______________________
3. Tu peux avoir quelques affiches. ______________________
4. Tu peux avoir une de mes chemises. ______________________

Activité 2 La fin des vacances

C'est la fin des vacances et chacun cherche ce qui lui appartient. Répondez aux questions en utilisant la forme correcte du pronom démonstratif et le nom entre parenthèses.

Modèle: C'est le [polo] *de Paul? (Bernard)* *Non, c'est celui de Bernard.*

1. Ce sont les [bagues] de Catherine? (Anna) ______________________
2. Ce sont les [chaussettes] de Philippe? (Michel) ______________________
3. C'est le [sac à dos] de Louise? (Aline) ______________________
4. C'est la [montre] de Marc? (Olivier) ______________________
5. Ce sont les [CD] de Claude? (Dominique) ______________________

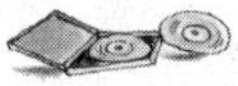

Activité 3 Les professions

Vous expliquez les professions à votre petit frère. Complétez les phrases avec la forme correcte du pronom démonstratif.

1. La professeur? C'est _____ qui sait beaucoup de choses.
2. Le boulanger? C'est _____ qui fait du pain.
3. Les mécaniciens? Ce sont _____ qui réparent la voiture de Papa quand elle ne marche pas.
4. Le médecin? C'est _____ qui te soigne (*takes care of*) quand tu es malade.
5. Les pharmaciennes? Ce sont _____ qui te donnent des médicaments.

UNITÉ 7 Reading Comprehension

Lecture

A

Pensez aux vacances!

Avec la nouvelle collection de Geoffroy—des chaussures qui allient la mode à la qualité.

Les femmes adorent les nuances du voyage. Les matières se mélangent, denim, toile imprimé, cuirs ajourés. Avec une tendance rouge, des impressions noires, les contrastes sont vifs. Et la voyageuse qui se promène dans la campagne le jour se transforme en citadine la soirée.

Les hommes préfèrent l'été décontracté. C'est le confort qui compte, mais avec une allure chic et raffinée.

Dans l'esprit de l'été Geoffroy vous offre des prix légers.

Compréhension

1. Que fabrique Geoffroy?

   ____

2. Quelles sont les trois matières mentionnées pour les chaussures de femmes?

   a) ______________ b) ______________ c) ______________

3. Quelles sont les deux couleurs de la saison, pour les femmes?

   a) ______________ b) ______________

4. Que veut dire **citadin(e)**?

   habitant(e) d'une ville   habitant(e) de la campagne

5. Est-ce que les chaussures Geoffroy coûtent cher?

   oui   non

Qu'est-ce que vous en pensez?

1. Quel est le synonyme de **décontracté**?

   sérieux   débonaire

2. Quel est le synonyme de **à la mode**?

   nuances   tendance

Nom ______________________________

Classe ______________________ Date ______________

B

Vêtements interdits, collégiens mécontents

Les élèves d'un collège d'Amiens sont en colère. Le proviseur leur a interdit de porter certains vêtements et chaussures jugés trop vulgaires. Les élèves n'ont plus le droit de porter des chaussures à bouts renforcés, qui peuvent causer des dégâts dans les couloirs. Les jeans sont toujours permis, mais les jeans troués et les casquettes aussi doivent rester à la maison. Les filles sont encore moins contentes puisque les jupes courtes et les longues boucles d'oreilles sont également sur la liste!

Compréhension

1. Que veut dire **mécontents**?

   heureux — pas satisfaits — nerveux

2. Quelles sortes de vêtements sont interdits à ce collège d'Amiens?

   les jeans troués — les blousons — les casquettes
   les baskets — les jeans normaux — les jupes courtes

3. Quelles sortes de bijoux sont interdits?

   les bagues — les chaînes et les médailles
   les colliers — les boucles d'oreilles longues

4. Que veut-dire **vulgaire**?

   distingué — sans élégance

5. Quel est le synonyme de **dégat**?

   embellissement — destruction

Qu'est-ce que vous en pensez?

1. Est-ce que certains vêtements sont interdits dans votre école?

   ____

2. Est-ce que cet article révèle une différence culturelle entre la France et les États-Unis? Laquelle?

   ____

   ____

C

COLLECTIONS OPÉRA

-10% sur tout le magasin

Réduction non cumulable avec d'autres escomptes et non remboursable à posteriori.

Réduction réservée à la clientèle individuelle.

Présentez ce bon de réduction en caisse avec un passeport ou pièce d'identité étrangère avant l'enregistrement des achats.

-13% détaxe exportation

Réservé aux résidents hors zone C.E.E. avec un montant minimum de 150€ d'achats dans la même journée. Présentez-vous au bureau de Détaxe du Welcome Service International.

lundi au samedi, 9h30 à 19h00 nocturne le jeudi jusqu'à 22h00

Compréhension

1. Quel jour de la semaine est-ce que le magasin est ouvert le plus tard? ____________
2. Quel est le synonyme de **réduction**? ____________
3. Que veut dire **non cumulable**? ____________
4. À qui est-ce que cette réduction est réservée? ____________
5. Combien faut-il dépenser en une journée pour bénéficier de la détaxe?
____

Qu'est-ce que vous en pensez?

1. Comment dit-on **non-refundable** en français? ____________
2. Comment dit-on **une pièce d'identité** en anglais? ____________

Unité 8. Bonnes vacances!

LEÇON 29 Le français pratique: Les vacances et les voyages

A

Activité 1 Le camping

Mettez un cercle autour de l'expression qui convient.

1. Je voudrais ______. Je vais donc aller *à la mer / à la montagne / à la campagne.*
2. Je vais faire ______. Je vais donc *louer / prêter* une caravane.
3. Nous allons préparer nos ______. Nous allons acheter *une couverture / un réchaud.*
4. La nuit, il fait ______. Nous allons prendre nos *poêles / couvertures* et nos *sacs à dos / sacs de couchage.*

Activité 2 La géographie

Ajoutez l'article, puis identifiez le continent où se trouve chaque pays.

a. l'Afrique **b. l'Amérique** **c. l'Asie** **d. l'Europe**

_____ 1. Allemagne
_____ 2. Guatemala
_____ 3. Corée
_____ 4. Argentine
_____ 5. Chine
_____ 6. États-Unis
_____ 7. France
_____ 8. Cambodge
_____ 9. Belgique
_____ 10. Sénégal
_____ 11. Égypte
_____ 12. Suisse

Activité 3 Les voyages

Complétez chaque phrase en choisissant quatre des sept expressions données.

un horaire
première classe
aller et retour
faire un séjour
deuxième classe
faire mes valises
aller simple

1. Si on rend visite à des amis et on ne sait pas quand on va rentrer, on achète un ______________________.
2. Si on ne sait pas à quelle heure son train part, on a besoin de / d' ______________________.
3. Un billet de ______________________ coûte plus cher, mais la nourriture est meilleure et les sièges sont plus larges.
4. J'ai envie de ______________________ en Inde pour mieux connaître la culture.

Nom ______________________________

Classe ____________________ Date ____________

B

Activité 1 Les vacances

Faites correspondre les questions et les réponses.

_____ 1. Où vas-tu aller pendant les vacances?
_____ 2. Quels pays est-ce que tu vas visiter?
_____ 3. Combien de temps vas-tu rester là-bas?
_____ 4. Où est-ce que tu vas rester?
_____ 5. Est-ce que tu es prêt à partir?

a. Oui, j'ai déjà fait mes valises.
b. Je vais y passer un mois.
c. Je vais faire du camping.
d. Je vais à la montagne.
e. Je vais aller en Suisse.

Activité 2 L'intrus

Ajoutez l'article, puis mettez un cercle autour du pays qui ne va pas avec les autres.

1. __ Canada __ Mexique __ Allemagne
2. __ Australie __ Brésil __ Argentine
3. __ Angleterre __ Inde __ Belgique
4. __ Égypte __ Espagne __ Sénégal
5. __ Irlande __ Israël __ Liban
6. __ Portugal __ Cambodge __ Chine
7. __ Italie __ Suisse __ Japon
8. __ Corée __ Russie __ Viêt-Nam

Activité 3 Le camping

Complétez les phrases avec le vocabulaire donné.

tente	réchaud	billet	poêle	couverture	horaire

1. Tu vas prendre ______ . Tu as donc besoin d'un ____________ et d'un ____________.

2. Nous allons faire du ______ . Nous avons donc besoin d'une ____________ et d'une ____________.

3. Nous allons préparer nos ______ . Nous avons donc besoin d'un ____________ et d'une ____________.

Nom ______________________________

Classe ____________________ Date ____________

Discovering FRENCH Nouveau!

BLANC

C

Activité 1 Les vacances

Répondez aux questions en faisant des phrases complètes.

1. Où vas-tu en vacances, d'habitude?
   ____
2. Combien de temps passes-tu en vacances?
   ____
3. Où loges-tu?
   ____
4. Quels pays étrangers as-tu visités?
   ____
5. Quel pays voudrais-tu visiter?
   ____

Activité 2 La géographie

Quel est le pays décrit? Complétez les phrases.

1. ____________________ sont au sud du Canada.
2. ____________________ est au nord-est de la France.
3. ____________________ est dans le nord-est de l'Afrique.
4. ____________________ est le plus grand pays d'Asie.
5. ____________________ est le pays le plus montagneux d'Europe.

Activité 3 Les voyages

Complétez les réponses avec le vocabulaire nouveau de cette leçon.

1. —Nous allons prendre le train pour aller dans les Alpes.
   —Avez-vous un ____________________ et vos ____________________?
2. —Nous ne savons pas quand nous allons rentrer de vacances.
   —Ah bon. Alors, vous avez pris ____________________?
3. —Vous restez à l'hôtel?
   —Non, nous allons faire du camping.
   —Alors, vous avez une ____________________, un ____________________ et, s'il fait froid, une ____________________?
4. —Au camping, nous allons préparer nos repas.
   —Super. Tu as donc acheté un ____________________, une ____________________ et une ____________________?

LEÇON 30 Les collections de Jérôme

A

Activité 1 Les pays

Mettez un cercle autour de la préposition qui convient.

Elles vont . . .

1. *en / au / aux* Canada
2. *en / au / aux* Argentine
3. *en / au / aux* États-Unis
4. *en / au / aux* Espagne
5. *en / au / aux* Sénégal

Ils viennent . . .

6. *de / du / des* Mexique
7. *d' / de / du* Russie
8. *de / du / des* Japon
9. *d' / de / du* Inde
10. *de / du / des* Guatemala

Activité 2 Vacances à Paris

Complétez les phrases avec la forme correcte de **recevoir** ou d'**apercevoir.**

1. Du bateau-mouche, nous avons ____________________ le Louvre.
2. De la fenêtre du restaurant à l'hôtel, nous ____________________ maintenant la tour Eiffel.
3. J'ai ____________________ une carte postale de mon copain.
4. Ma copine Louise ____________________ toujours plein de cartes postales pendant les vacances.
5. De ma chambre, j'____________________ des touristes assis au café.

Activité 3 Que fait chacun?

Choisissez la préposition qui convient dans chaque phrase.

1. a décidé *à / de* sortir avec ses copines.
2. apprend *à / de* jouer de la flûte.
3. réussissent *à / de* faire un beau gâteau.
4. finissent *à / de* jouer au tennis.
5. commencent *à / de* parler au téléphone.

Nom ______________________________

Classe ____________________ Date ____________

B

Activité 1 Les pays

Complétez les phrases suivantes.

1. (Inde, Japon et Chine) Patrick vient ______________________________
______________________________.
2. (Belgique, France et Portugal) J'ai visité ______________________________
______________________________.
3. (Canada, États-Unis et Argentine) Anne a été ______________________________
______________________________.

Activité 2 En vacances

Complétez les phrases suivantes avec la forme correcte de **recevoir** ou d'**apercevoir.**

1. Je ____________________ une [lettre] de mes grands-parents une fois par mois.
2. Est-ce que tu as ____________________ la [carte postale] que je t'ai envoyée de vacances?
3. Mon copain m'écrit qu'il ____________________ l' [Arc de Triomphe] de sa chambre d'hôtel.
4. De notre chambre d'hôtel, nous ____________________ un [supermarché]!
5. Mes [chats] ____________________ beaucoup d'attention.

Activité 3 Conseils d'amis

Vous travaillez trop et vos amis vous donnent des conseils. Mettez un cercle autour de la préposition ou du blanc qui convient.

Tu dois *à* / *de* / ___ sortir plus souvent. Tu commences *à* / *de* / ___ oublier *à* / *de* / ___ t'amuser. Arrête *à* / *de* / ___ travailler comme ça. Nous pouvons peut-être *à* / *de* / ___ aller au cinéma. Ou tu peux apprendre *à* / *de* / ___ jouer d'un instrument de musique. Continue *à* / *de* / ___ jouer au tennis parce que tu aimes ça et tu peux *à* / *de* / ___ gagner le tournoi cet été. N'hésite pas *à* / *de* / ___ nous téléphoner si tu décides *à* / *de* / ___ sortir ce week-end.

C

Activité 1 Les pays

Écrivez la préposition qui convient.

en	au	aux	de	d'	du

1. Je suis _____ États-Unis.
2. Je viens _____ Allemagne.
3. Je vais _____ Brésil.
4. Tu es _____ Canada.
5. Tu viens _____ Japon.
6. Tu vas _____ Espagne.
7. Il est _____ Russie.
8. Il vient _____ Chine.
9. Il va _____ Portugal.
10. Elle est _____ France.
11. Elle viens _____ Suisse.
12. Elle va _____ Égypte.

Activité 2 Au téléphone

Faites des phrases complètes en utilisant **recevoir** et **apercevoir,** et en vous servant des illustrations.

1. Ce matin, j'_______________________________.
2. Est-ce que tu _______________________________?
3. Est-ce que vous _______________________________?
4. Est-ce que tu _______________________________?
5. Chez nos grands-parents, _______________________________.

Activité 3 Questions

Répondez aux questions en utilisant la préposition **à** ou **de.**

1. —Qu'est-ce que tu as essayé de nouveau?
   —J'ai essayé
   _______________________________.
2. —Qu'est-ce que tu as appris cette année?
   —J'ai appris
   _______________________________.
3. —Qu'est-ce que tu espères réussir?
   —J'espère réussir
   _______________________________.
4. —Quelle est ta destination de rêve?
   —Je rêve
   _______________________________.

Nom ______________________________

Classe ______________________ Date ______________

Discovering FRENCH Nouveau!

BLANC

LEÇON 31 Projet de voyage

A

Activité 1 Demain

Écrivez des phrases simples (sujet + verbe) au futur, en vous servant des illustrations.

1. Nous  . ______________________________
2. Brigitte et Sophie . ______________________________
3. Bertrand . ______________________________
4. Vous  . ______________________________
5. Je . ______________________________

Activité 2 Correspondances

Faites correspondre le présent et le futur de ces verbes.

____	1. je suis	____	6. je viens
____	2. je fais	____	7. je sais
____	3. je vois	____	8. je dois
____	4. je vais	____	9. je peux
____	5. j'ai	____	10. je veux

a. je verrai	f. je pourrai
b. je voudrai	g. je saurai
c. j'aurai	h. j'irai
d. je serai	i. je viendrai
e. je devrai	j. je ferai

Activité 3 Si . . .

Mettez un cercle autour du verbe qui convient.

1. Si *tu travailles / tu travailleras* bien, *tu réussis / tu réussiras!*
2. *Je vais / J'irai* en vacances avec vous si *j'ai / j'aurai* assez d'argent.
3. *On sort / On sortira* quand la baby-sitter de ma petite soeur *arrive / arrivera.*
4. Si tu *ne manges pas / ne mangeras pas* tes légumes, tu *ne grandis pas / ne grandiras pas!*
5. Je *te dis / te dirai* la nouvelle quand on *se voit / se verra.*

Nom ____

Classe ______________________ Date ______________

B

Activité 1 Ce week-end

Complétez les phrases au futur, en vous servant des illustrations.

1. Je te ________________ plus tard.

2. Samedi matin, nous ________________.

3. Ensuite, nous ________________ la table.

4. Le soir, nous ________________ au cinéma.

5. Caroline et Léa ________________.

Activité 2 Synonymes

D'abord, soulignez l'infinitif. Ensuite, choisissez la phrase qui correspond le mieux.

	a.	b.
1. Je vais venir chez toi.	a. Je viendrai chez toi.	b. Je te verrai chez toi.
2. Je vais faire la cuisine.	a. Je ferai la cuisine.	b. Je verrai la cuisine.
3. Je vais aller voir des amis.	a. J'irai voir des amis.	b. J'aurai des amis.
4. Je vais avoir la réponse.	a. Je saurai la réponse.	b. J'aurai la réponse.
5. Je vais aller à Paris cet été.	a. Je serai à Paris cet été.	b. J'irai à Paris cet été.

Activité 3 En vacances

Anne-Marie a des projets pour l'été. Mettez un cercle autour des verbes qui conviennent.

Quand *je vais / j'irai* en France cet été, *je visite / je visiterai* le nord-ouest du pays. Quand *je suis / je serai* à Paris, *je vois / je verrai* le Louvre, l'Arc de Triomphe et la Tour Eiffel. Si *j'ai / j'aurai* le temps, *je vois / je verrai* aussi le musée d'Orsay. Ensuite, *je continue / je continuerai* mon voyage en Bretagne. Quand *j'arrive / j'arriverai* à Quimper, *j'achète / j'achèterai* de la poterie. Puis, *je rends / je rendrai* visite à mes cousins à Saint-Malo. Après, *s'il fait / s'il fera* beau, *je vais / j'irai* au Mont Saint-Michel. Quand *je reviens / je reviendrai* à Paris, *je prends / je prendrai* l'avion.

C

Activité 1 Un voyage

Mettez les phrases au futur.

1. Je suis partie lundi matin. ____________
2. Nous sommes arrivés lundi soir. ____________
3. Nous avons vu le Mont-Saint-Michel. ____________
4. Nous avons envoyé des cartes postales. ____________
5. Nous avons pris le train pour Nantes. ____________

Activité 2 Plus tard

Répondez aux questions de votre mère en disant que vous ferez ces activités plus tard. Utilisez un pronom si possible.

1. —Tu es chez Jeanne? —____________
2. —Vous allez au cinéma? —____________
3. —Vous avez fait vos devoirs? —____________
4. —Tu as acheté un cadeau pour ta soeur? —____________
5. —Tu as envoyé une carte à Papi et Mamie? —____________

Activité 3 Si . . .

Complétez les phrases suivantes de façon logique.

1. Si je trouve [20 euros] dans la rue, ____________.
2. Si je ne fais pas mes [devoirs], ____________.
3. Quand j'aurai [32], ____________.
4. Quand j'aurai [64], ____________.

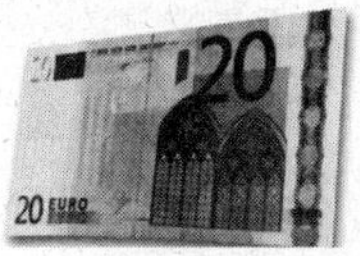

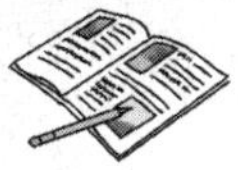

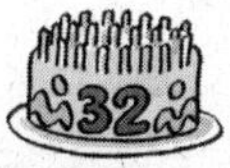

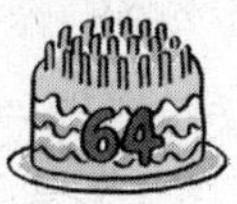

Nom ________________________________

Classe ____________________ Date ______________

Discovering FRENCH Nouveau!

BLANC

LEÇON 32 À la gare

A

Activité 1 Quand nous étions petits . . .

Mettez un cercle autour du verbe qui est à l'imparfait.

1. *J'allais* / *J'irais* à l'école à pied.
2. Le vendredi soir, nous *mangeons* / *mangions* des spaghetti.
3. Le samedi, mon père *irait* / *allait* faire les courses.
4. Ma mère *préparerait* / *préparait* les repas.
5. L'hiver, mes frères *font* / *faisaient* beaucoup de ski.

Activité 2 Dialogues

Mettez un cercle autour des *cinq* verbes qui sont au conditionnel.

1. —Il faudrait partir maintenant.

   —Mais si on part maintenant, on arrivera trop tôt.
2. —Est-ce que tu voudrais venir faire du camping avec nous?

   —S'il ne faisait pas froid, je viendrais volontiers.
3. —Tu devrais finir tes devoirs avant de sortir au cinéma.

   —Mais je n'aurais pas le temps de m'amuser!

Activité 3 Si nous étions riches . . .

Faites des phrases qui commencent par **Si nous étions riches . . .**, en mettant les expressions entre parenthèses au conditionnel.

1. (faire des achats) tu ______________________________.
2. (voyager) je ______________________________.
3. (acheter un scooter) ils ______________________________.
4. (aller à Acapulco) elle ______________________________.
5. (être content) nous ______________________________.

Nom ____

Classe ______________________ Date ______________

B

Activité 1 L'intrus

Mettez un cercle autour du verbe qui n'est pas à l'imparfait.

1. vais	allais	allions
2. prenions	prenaient	prendrais
3. voyagions	voyageons	voyageaient
4. faisiez	faites	faisait
5. voyions	voyiez	voient
6. réussissons	réussissait	réussissiez
7. perdais	perdent	perdiez
8. étais	est	étaient

Activité 2 Si . . .

Choisissez la fin de chaque phrase.

1. Si je t'invitais au concert,
   a. est-ce que tu viendras avec moi?
   b. est-ce que tu viendrais avec moi?
2. Si quelqu'un me donnait cent dollars,
   a. je serais contente.
   b. je serai contente.
3. S'il pleut,
   a. nous ne ferons pas de camping.
   b. nous ne ferions pas de camping.
4. Si vous n'aviez pas de manteau en hiver,
   a. vous auriez froid.
   b. vous aurez froid.
5. S'ils avaient une bonne note à l'examen,
   a. ils seront contents.
   b. ils seraient contents.

Activité 3 Conditions

Complétez les phrases suivantes en utilisant l'imparfait ou le conditionnel, et en vous servant des illustrations.

1. Si j'______________________, je t'enverrais des mails.

2. Si on ______________________, on serait à Paris en cinq heures.

3. S'il ______________________, on ferait un pique-nique.

4. Si j'avais assez d'argent, je ______________________.

5. Si nous étions en vacances, nous ______________________.

C

Activité 1 Quand j'étais petit(e) . . .

Complétez les phrases à l'imparfait.

1. Nous ________________ en été.
2. J'________________ à mes grands-parents le dimanche.
3. Mes soeurs ________________.
4. Nous ________________ au printemps.
5. Nous ________________ en février.

Activité 2 Si . . .

Faites des phrases complètes au conditionnel avec les éléments donnés.

(avoir du temps) (nager)	1. Si Luc ________________.
(finir ses devoirs) (voir un film)	2. Si Mélanie ________________.
(acheter des CD) (lesquels choisir)	3. Si tu ________________?
(pouvoir) (venir avec vous)	4. Si je ________________.

Activité 3 Formules de politesse

Transformez chaque phrase en utilisant le conditionnel de politesse.

1. Je veux des CD. ________________
2. Nous devons partir. ________________
3. Pouvez-vous fermer la fenêtre? ________________
4. Nous voulons deux cafés. ________________
5. Ils doivent se dépêcher. ________________

Nom ______________________________ Discovering FRENCH Nouveau!

Classe ______________________ Date ______________

BLANC

Unité 8 Resources — Activités pour tous Reading

UNITÉ 8 Bonnes vacances!

Lecture

A

HAVRE (LE) 76620 - E2

★★★★ CAMPING DE LA FORÊT DE MONTGEON « CHLOROPHILE » - 02.35.46.52.39 - 202 empl. - 01.04 / 31.10

HONFLEUR 14600 - E3

★★T CAMPING DU PHARE - 02.31.89.10.26 - Fax 02.31.24.71.47 - 110 empl. - 01.04 / 31.09

MONT-SAINT-MICHEL (LE) 50170 - B5

★★T CAMPING DU MONT-SAINT-MICHEL - 02.33.60.22.10 - Fax 02.33.60.20.02 - Mi-Février / Mi-Novembre

TOUQUES - DEAUVILLE 14800 - E3

★★★★L CAMPING DES HARAS - 02.31.88.44.84 - Fax 02.31.88.97.08 - 250 empl. - 01.02 / 30.11

LÉGENDES DES ABRÉVIATIONS

Période d'ouverture: 10.04/ 25.09 Du 10 avril au 25 septembre

- Réservation
- Plats cuisinés
- Ravitaillement sur place
- Chiens admis
- Branchement électrique
- Douches
- Plage
- Rivière
- Pêche
- Sports nautiques
- Golf
- Golf miniature
- Centre Hippique
- Location bicyclette
- Casino
- Location de caravanes
- Aire de service pour camping cars
- Accessibles aux personnes handicapées

Classement antérieur à 1994 :
★★ Classement 2 étoiles

Nouveau classement :
★★ T Classement 2 étoiles Tourisme
★★ L Classement 2 étoiles Loisirs

Compréhension

1. Dans quel camping ne peut-on pas monter à cheval? ______________________
2. Dans quel camping peut-on louer une caravane? ______________________
3. Quels sont les mois d'ouverture du camping du Havre? ______________________
4. Quels sont les mois d'ouverture du camping de Deauville? ______________________
5. Dans quel camping est-ce que les chiens ne sont pas admis? ______________________

Qu'est-ce que vous en pensez?

1. Comment dit-on **fishing** en français? ______________________
2. Quel camping choisiriez-vous et pourquoi? ______________________

____

Nom ______________________________

Classe ____________________ Date ______________

B

Visitez le nouveau zoo polaire!
C'est quelque chose de très spécial. Vous pouvez découvrir côte à côte les oiseaux qui vivent aux deux extrémités de notre planète. Et vous n'aurez pas froid! Vous apprendrez des choses sur l'Arctique aussi bien que l'Antarctique: deux mondes de froideur et de blancheur qui sont aussi très différents. Les deux écosystèmes du monde polaire—où vivent d'un côté les manchots subantarctiques et de l'autre, les pingouins du Labrador. Le souci de reconstitution naturelle a même exigé qu'on inverse les saisons, comme le fait la nature. Les visiteurs peuvent donc observer simultanément l'été arctique et l'hiver antarctique, et vice-versa. Et si vous le visitez au bon moment, vous pouvez même voir des nouveau-nés!

Compréhension

1. Quels sont les deux oiseaux des pôles qu'on peut découvrir?

   ______________ ______________

2. Quel est le nom qui vient de l'adjectif **blanc?**

   ____

3. Quand c'est l'été en Arctique, quelle saison est-ce en Antarctique?

   ____

4. Si on va zoo polaire en été, est-ce qu'on peut y voir l'Antarctique en hiver? Pourquoi?

   oui   non

   ____

5. Quel est le synonyme de **bébé?**

   ____

Qu'est-ce que vous en pensez?

1. Comment dit-on "side by side" en français?

   ____

2. Comment dit-on "on one side. . . . on the other side . . ." en français?

   ____

C

Ce printemps il faut absolument que vous visitiez le jardin botanique. Même si vous l'avez fait plusieurs fois! Fondé il y a plus de cinquante ans, on continue à ajouter des serres d'environnements spéciaux. Il y a plus de 25.000 espèces et variétés de plantes de toutes les régions du monde. Douze serres d'exposition, dont deux sont complètement nouvelles et deux douzaines de jardins extérieurs couvrent une superficie de 70 hectares. La nouvelle serre protège une centaine d'orchidées et à l'extérieur, on découvre un jardin de sous-bois dont on apprécie la fraîcheur en été. Vous trouverez aussi un jardin alpin, des jardins chinois et japonais et bien sûr une roseraie avec des couleurs que vous ne pouvez pas imaginer. On accueille les handicapés et les malvoyants dans nos sentiers larges et les serres pleines de parfums.

Compréhension

1. Quand est-ce que le jardin botanique a été créé?
   ____
2. Combien de jardins extérieurs y a-t-il environ?
   ____
3. Est-ce qu'il y a quelques services spéciales?
   ____
4. Qu'est-ce que c'est qu'une serre?
   silhouette greenhouse
5. Quelles fleurs y a-t-il dans une roseraie?
   ____

Qu'est-ce que vous en pensez?

1. Qu'est-ce qu'un **malvoyant** ne peut pas faire?
   voir entendre
2. Quelle partie du jardin botanique visiteriez-vous de préférence et pourquoi?
   ____

Unité 9. Bonne route

LEÇON 33 En voiture

A

Activité 1 La route

Mettez un cercle autour du verbe qui convient.

1. Hier, j'ai *conduit* / *conduis* jusqu'au musée.
2. Tous mes copains *suives* / *suivent* des cours dans une auto-école.
3. Mon père *conduit* / *conduis* trop vite.
4. Sur l'autoroute, nous *suivons* / *conduisons* prudemment.
5. Nous allons *suivi* / *suivre* nos amis à la campagne.

Activité 2 La voiture

Mettez un cercle autour du mot décrit.

1. C'est là où je mets ma  . — le coffre — le phare
2. Quand on fait le plein, on met de . — l'essence — l'huile
3. Une n'en a pas. — le capot — le toit
4. Une voiture a quatre  . — les freins — les pneus
5. Il faut regarder le avant de doubler (*pass*). — le klaxon — le rétroviseur
6. On les met en marche quand il . — les roues — les essuie-glaces

Activité 3 Moyens de transport

Identifiez ces moyens de transport.

__________ 1. 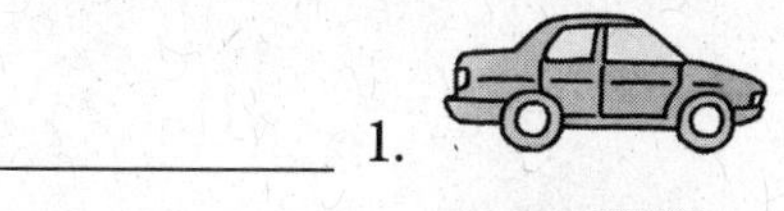

__________ 2. 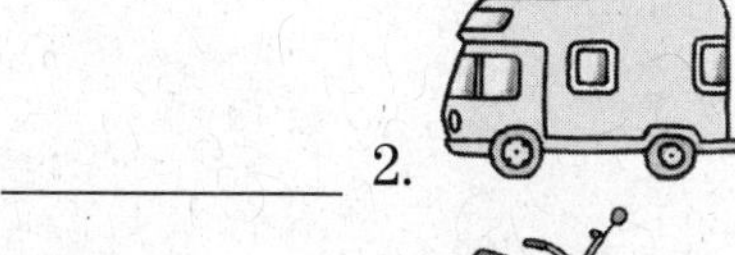

__________ 3. 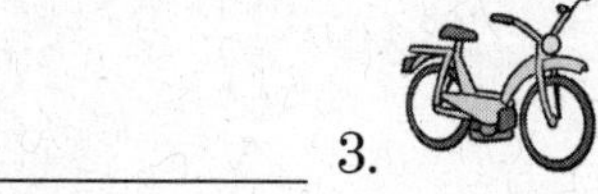

__________ 4. 

__________ 5. 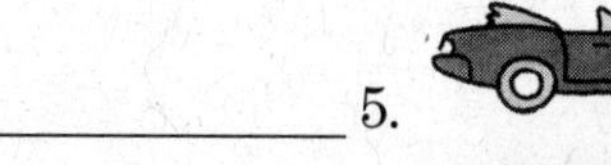

__________ 6. 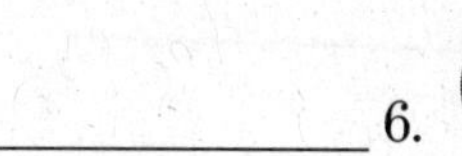

__________ 7. 

__________ 8. 

__________ 9. 

Nom ______________________________________

Classe ______________________ Date ______________

B

Activité 1 La route

Choisissez la forme du verbe **conduire** ou **suivre** qui convient.

suivez
conduisons
suivre
conduisent
suis
conduire
suit

1. J'ai envie de ______________ notre nouvelle voiture.
2. Attention! Un camion nous ______________.
3. Tous mes copains ______________ prudemment.
4. Il faut ______________ les indications des policiers.
5. D'habitude en vacances, nous ______________ d'une ville à une autre.
6. Si vous ne savez pas la route, ______________-moi.

Activité 2 La voiture

Identifiez les parties de la voiture.

Activité 3 Est-ce logique?

Décidez si ces phrases sont logiques ou pas.

1. L'épicier utilise une décapotable pour faire des livraisons.	oui	non
2. Pour voir, la nuit, il faut mettre les phares.	oui	non
3. Pour signaler mon intention de tourner, je klaxonne.	oui	non
4. Pour bien s'arrêter, il faut avoir de bons freins.	oui	non
5. On ouvre le coffre pour inspecter le moteur.	oui	non

Nom ______________________________

Classe ____________________ Date ____________ ____________

Discovering FRENCH Nouveau!

BLANC

C

Activité 1 La route

Complétez les phrases suivantes avec la forme appropriée de **conduire** ou de **suivre.**

1. Attention, il neige. Ne ____________ pas trop vite.
2. Est-ce que tu vas ____________ un cours de maths?
3. À quel âge est-ce que les Français peuvent ____________?
4. Le petit chien ____________ le petit garçon.
5. L'année dernière, mes copains ____________ un cours dans une auto-école.

Activité 2 La voiture

Identifiez les parties d'une voiture.

1. ____________ 6. ____________

2. ____________ 7. ____________

3. ____________ 8. ____________

4. ____________ 9. ____________

5. ____________ 10. ____________

(1) (2) (3) (4) (5) (6) (7) (8) (9) (10)

Activité 3 À la station-service

Vous allez à la station-service pour de l'essence et des conseils. Complétez les phrases.

klaxon	**freins**
phares	**capot**
essence	**pare-brise**
moteur	**pneus**
huile	**essuie-glace**

D'abord, nous allons faire le plein d'____________. Puis, nous allons vérifier l'____________, les ____________ et les ____________. Ensuite, le mécanicien va nettoyer le ____________ et il vérifiera que les ____________ marchent bien s'il pleut. Ensuite, il ouvrira le ____________ et regardera le ____________. Il s'assurera que les ____________ marchent bien au cas où je conduis la nuit. Enfin, le mécanicien vérifiera le ____________ parce que si une voiture n'a pas la priorité, il faut pouvoir klaxonner (*honk*)!

Nom ____

Classe ____________________ Date ______________ ____________

Discovering FRENCH Nouveau!

BLANC

LEÇON 34 Une leçon de conduite

A

Activité 1 Opinions et sentiments

Faites correspondre le début et la fin des phrases.

____ 1. Paul est heureux . . .

____ 2. Henri est triste . . .

____ 3. Amélie est gentille . . .

____ 4. David n'est pas content . . .

____ 5. Je suis désolée . . . .

a. d'avoir reçu une mauvaise note.

b. de t'avoir fait de la peine.

c. de partir sans son amie.

d. de faire la connaissance d'Angèle.

e. d'aider son frère.

Activité 2 Habitudes et intentions

Complétez ces phrases avec la préposition **pour, avant de** ou **sans.**

1. Je vais à une [picture] ____________ vérifier les freins.
2. Ils sont allés au [picture] ____________ rentrer chez eux.
3. Jean fait ses [picture] ____________ réussir à l'examen.
4. Ne partez pas ____________ prendre vos [picture] !
5. Je suis sorti ____________ mettre de [picture] et j'ai eu très froid.

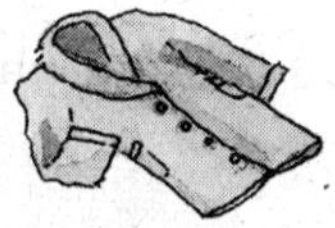

Activité 3 Deux activités

Complétez chaque phrase en mettant le verbe correspondant au participe présent. Les verbes sont donnés dans l'ordre.

étudier	écouter des CD	faire attention	travailler	regarder la télé	courir

1. On apprend en ____________.
2. Je lis en ____________.
3. Je conduis en ____________.
4. Je gagne de l'argent en ____________.
5. Nous mangeons en ____________.
6. Je pars en ____________.

Nom ______________________________

Classe ____________________ Date ______________

Discovering FRENCH Nouveau!

BLANC

B

Activité 1 Opinions et sentiments

Choisissez l'expression la plus logique pour compléter chaque phrase.

de me présenter
d'attendre
de dire
de quitter
d'entendre

1. Je suis ravie ______________ tes bonnes nouvelles.
2. Il est triste ______________ la ville qu'il connaît.
3. Il est impoli ______________ des mots comme ça.
4. Elle est gentille ______________ ses amis qui sont en retard.
5. Tu es sympa ______________ à tes copains.

Activité 2 Hier

Complétez chaque phrase avec **pour, sans** ou **avant de.**

1. Mes copains sont allés à la bibliothèque ______________ faire des recherches (*research*).
2. Ma soeur est allée à Paris ______________ rendre visite à notre tante.
3. J'ai conduit ______________ faire attention et Papa s'est fâché.
4. On a dîné en famille ______________ faire nos devoirs.
5. ______________ me coucher, j'ai lu un article intéressant.

Activité 3 Deux activités

Complétez les phrases suivantes avec le participe présent du verbe illustré.

1. Hier, j'ai écouté mon nouveau CD en ______________.
2. Jérôme a oublié l'heure en ______________.
3. S'il te plaît, ne parle pas en ______________.
4. Ils se sont amusés en ______________.

C

Activité 1 Opinions et sentiments

Faites des phrases en utilisant la préposition **de** suivie d'un verbe à l'infinitif.

1. Je suis triste ______________________.
2. Mon amie est gentille ______________________.
3. Mon copain est content ______________________.
4. Mes parents sont heureux ______________________.
5. Mon grand-père est ravi ______________________.

Activité 2 Hier

Récrivez les phrases en utilisant les prépositions **pour, sans** ou **avant de** suivies de l'infinitif.

1. Mon père a vérifié l'huile, puis il est allé au bureau.

   ______________________.
2. Je suis allée à la boulangerie et j'ai acheté du pain.

   ______________________.
3. Elle est partie de la maison et elle n'a pas mis son chapeau.

   ______________________.
4. On a pris le petit déjeuner, puis on a fait les courses.

   ______________________.
5. Monique est allée à la bibliothèque, où elle a emprunté un livre.

   ______________________.

Activité 3 Habitudes

Complétez les phrases suivantes en vous servant des activités illustrées et de la construction **en + participe présent.**

Modèle J'apprends <u>en étudiant</u>.

1. Bernard se brosse les dents ______________ dans le miroir.
2. Je m'endors ______________ un livre.
3. Mon frère s'amuse ______________ au foot.
4. Mes soeurs parlent ______________ un film à la télévision.
5. Ma mère téléphone ______________ la cuisine.

Nom ______________________________

Classe ______________________ Date ______________ ______________

LEÇON 35 En panne

A

Activité 1 Obligations

Mettez un cercle autour du verbe principal, puis décidez s'il est au subjonctif ou à l'infinitif.

1. Il faut finir vos devoirs avant de sortir. subjonctif infinitif
2. Il faut qu'elle mange tous ses légumes. subjonctif infinitif
3. Il faut que je me promène après le dîner. subjonctif infinitif
4. Il faut prendre des photos à la boum. subjonctif infinitif
5. Il faut que tu travailles un peu plus. subjonctif infinitif

Activité 2 Correspondances

Faites correspondre les phrases qui ont le même sens.

______ 1. Il faut qu'il écrive la lettre.
______ 2. Il faut qu'il mette la table.
______ 3. Il faut qu'il s'arrête tout de suite.
______ 4. Il faut qu'il parle plus fort.
______ 5. Il faut qu'il conduise prudemment.

a. Il doit s'arrêter tout de suite.
b. Il doit parler plus fort.
c. Il doit écrire la lettre.
d. Il doit conduire prudemment.
e. Il doit mettre la table.

Activité 3 Des choses à faire

D'abord, écrivez l'infinitif du verbe illustré. Ensuite, complétez la phrase au subjonctif.

	Infinitif	Il faut que . . .
1. 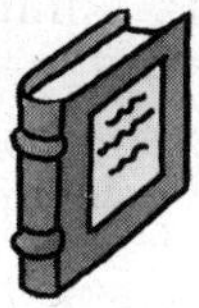	______________	vous ______________
2. 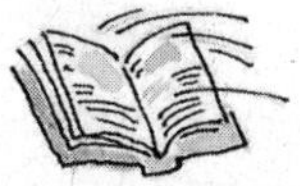	______________	nous ______________
3. 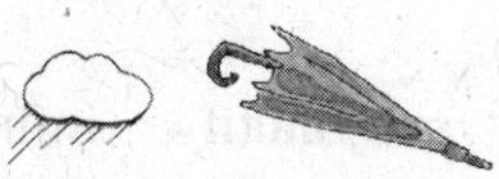	______________	tu ______________
4. 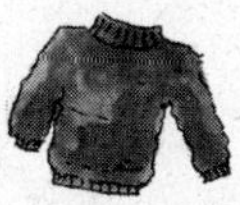 ou 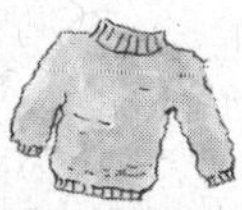 ?	______________	je ______________

Nom ______________________________

Classe ____________________ Date ______________

B

Activité 1 Il faut . . .

Mettez un cercle autour du verbe qui convient.

1. qu'elle *lit / lise / lisait.*
2. que je *mette / mets / mis* la table.
3. que nous *finissions / finissons / finir* nos devoirs.
4. qu'il *écrivait/ écrit / écrive* ce mail.
5. que tu nous *attende / attendes / attendras.*
6. qu'ils *parler / parle / parlent* moins fort.
7. que je te *dise / dis / disais* la nouvelle.
8. qu'elle *gagne / gagnera / gagnait!*
9. que vous m'*écoutiez / écoutez / écoute.*
10. que nous *partons / partirons / partions.*

Activité 2 Préparatifs

Complétez les phrases en mettant le verbe entre parenthèses au subjonctif.

1. Il faut d'abord qu'on ____________________ nos devoirs. (finir)
2. Il faut que je ____________________ bientôt. (partir)
3. Il faut que nous ____________________ des sandwichs à la fête. (apporter)
4. Il faut que vous ____________________ des CD. (choisir)
5. Il ne faut pas qu'ils ____________________ de prendre leurs clés. (oublier)

Activité 3 Des choses à faire

D'abord, mettez le verbe au temps qui convient. Ensuite, indiquez quel est ce temps.

1. Il faut ____________________ après les repas. subjonctif infinitif

2. Il faut que je ____________________ tôt. subjonctif infinitif

3. Il veut ____________________ de l'eau. subjonctif infinitif

4. Elle va ____________________ à ses grands-parents ce soir. subjonctif infinitif

5. Il faut que nous ____________________. subjonctif infinitif

C

Activité 1 Obligations

Complétez les phrases suivantes avec **l'indicatif, le subjonctif** ou **l'infinitif** selon le cas.

1. Il faut qu'elle ________________.
2. Il faut ________________ pour réussir aux examens.
3. Nadine ne ____________ pas ________________ sans son permis.
4. Il faut ____________ le scooter avant de l'________________.
5. Il faut que j'________________ un nouveau jean.

Activité 2 Des choses à faire

D'abord, indiquez l'infinitif avec un cercle. Ensuite, mettez la phrase au subjonctif.

1. Je dois choisir un sport cette année. ______________________________
2. Antoine devrait pratiquer un peu plus. ______________________________
3. Tu devrais attendre Corinne. ______________________________
4. Nous devrions mettre la table. ______________________________
5. Ils doivent gagner le match demain. ______________________________

Activité 3 Il faut . . .

Complétez la phrase en mettant le verbe entre parenthèses au subjonctif.

1. (écouter) Il faut que tu m'__________.
2. (mettre) Il faut que je __________ un pull.
3. (choisir) Il faut que nous __________.
4. (gagner) Il faut que vous __________.
5. (répondre) Il faut que vous lui __________.
6. (dire) Il faut que tu __________ la vérité.
7. (écrire) Il faut qu'on lui __________ un mail.
8. (partir) Il faut que nous __________.
9. (attendre) Il faut qu'elle nous __________.
10. (rendre) Il faut que je __________ ce livre.

Nom ______________________________

Classe ____________________ Date ____________

Discovering FRENCH Nouveau!

BLANC

LEÇON 36 Merci pour la leçon

A

Activité 1 Des choses à faire

Mettez un cercle autour de la forme du verbe qui convient.

1. Dépêche-toi! Il faut qu'on *ait / soit* à l'heure.
2. Il faut que tu *ailles / fasses* à la boulangerie chercher du pain.
3. Il faut que tu *fasses / aies* attention à ne pas oublier tes clés.
4. Il faut que vous *ayez / alliez* de l'argent pour faire les courses.
5. Je suis déjà en retard. Il faut absolument que je m'en *aille / sois.*

Activité 2 Ce que chacun souhaite

Mettez un cercle autour des verbes qui conviennent.

1. Je voudrais que mon grand-père *vive / vit* avec nous.
2. Marc voudrait que sa copine *est / soit* plus gentille avec lui.
3. Ma mère voudrait que mon père *va / aille* au supermarché.
4. Mon père voudrait que je *suive / suis* un cours à l'auto-école.
5. L'instructeur de l'auto-école voudrait que mon frère *conduit / conduise* moins vite.

Activité 3 La boum

Céline organise une boum. Complétez les phrases au subjonctif, à l'aide des illustrations et des mots de la case.

mettre le couvert	**choisir des CD**	**prendre des photos**
répondre au téléphone	**faire les courses**	

1. Elle voudrait que Mélanie et Éric ____________________.

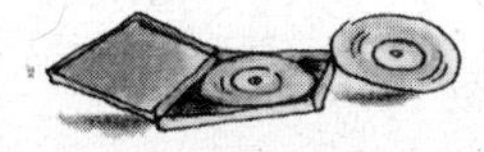

2. Elle voudrait que Paul ____________________.

3. Elle voudrait que tu ____________________.

4. Elle voudrait qu'Olivier et Stéphane ____________________.

5. Elle voudrait que Catherine ____________________.

Nom ____ Discovering FRENCH Nouveau!

Classe ______________________________ Date ________________ BLANC

B

Activité 1 Des choses à faire

Complétez les phrases en mettant les actions illustrées (avec **être, avoir, faire, aller)** au subjonctif.

1. Il faut que nous ____________________ cet été.
2. Il faut que tu ____________________ cet après-midi.
3. Je voudrais que nous ____________________ ce soir.
4. Mon père ne veut pas que ma soeur ____________________. J'en ai un parce que j'ai dix-huit ans.
5. Il faut que tu ____________________ au parking à 16h. Nous serons là.

Activité 2 De mauvaise humeur

Vous êtes de mauvaise humeur et vous ne voulez pas faire ce qu'on vous demande. Faites correspondre les souhaits, à gauche, et vos réponses, à droite.

______ 1. Il faut que tu ranges ta chambre.	a. Je ne veux pas lui écrire.
______ 2. Il faut que tu nettoies le pare-brise.	b. Je ne veux pas la ranger.
______ 3. Il faut que tu fasses la cuisine.	c. Je ne veux pas la faire.
______ 4. Il faut que tu ailles à la boulangerie.	d. Je ne veux pas le nettoyer.
______ 5. Il faut que tu écrives à Sophie.	e. Je ne veux pas y aller.

Activité 3 Préparatifs

Votre père essaie d'organiser tout le monde pour les vacances. Mettez un cercle autour des verbes qui conviennent.

Demain, les vacances commencent. Ce soir, je veux que Benoît *fait / fasse / faire* la cuisine et que vous *faites / fassiez / faire* vite vos valises. Après le dîner, on va les *met / mette / mettre* dans le coffre. Demain matin, je veux que vous *soient / êtes / soyez* tous prêts avant 10h. Je *suis / sois / serai* le premier à conduire. Ensuite, il faut que Louise ou Maman *conduit / conduise / conduire.* Je ne veux pas qu'on *s'arrêtera / s'arrêter / s'arrête* avant d'arriver à l'hôtel.

C

Activité 1 À faire et à ne pas faire

Complétez chaque phrase avec la forme correcte d'**être,** d'**avoir,** de **faire** ou d'**aller.**

1. Il ne faut pas qu'Ariane ______________ au téléphone trop longtemps.
2. Il faut que je ______________ du sport ce semestre.
3. Je voudrais que nous ______________ au parc ce soir.
4. Il faut qu'ils ______________ à la pharmacie avant 21 heures.
5. Il faut que nous ______________ au cinéma quand le film commence.

Activité 2 Ce que chacun souhaite

Complétez les phrases avec des souhaits logiques et les verbes **être, avoir, faire** ou **aller.**

1. Je ne veux pas que ______________.
2. Il faut que ______________.
3. Il ne faut pas que ______________.
4. Mes parents voudraient que ______________.
5. Mon copain voudrait que ______________.

Activité 3 Des conseils

La mère de Marc lui donne des conseils. Complétez les phrases en mettant le verbe entre parenthèses au présent de l'indicatif ou du subjonctif, à l'infinitif ou au participe présent.

Tu devrais ______________ (se réveiller) plus tôt le matin et il faudrait que ______________ (se lever) tout de suite. Ensuite, il faut que tu ______________ (prendre) un bon petit déjeuner et que tu ______________ (aller) vite au lycée, en ______________ (partir) assez tôt pour ______________ (arriver) à l'heure. Si tu ______________ (travailler) bien pendant la journée, tu pourrais ______________ (sortir) le soir. Enfin nous voudrions que tu ______________ (dormir) au moins huit heures, donc il faudrait que ______________ (se coucher) avant 11h.

UNITÉ 9

Lecture

A

Le Karting de compétition vous intéresse?

Lorsque vous possédez un kart, voici les étapes à suivre:

1- Devenir membre d'un Club affilié à la Fédération Auto-Québec. Coût d'inscription: $30.00. Le CKMR (Club de Karting Mont-Royal) offre à ses members le catalogue de MR Karting, des communiqués régulièrement incluant les promotions chez MR Karting et les règlements particuliers et résultats des épreuves de la Coupe de Montréal.

2- Suivre un cours de pilotage reconnu par la Fédération Auto-Québec. MR Karting offre un cours de pilotage donné par un instructeur accrédite par la Fédération Auto-Québec. Il est constitué d'un volet théorique et d'une évaluation technique.

3- Demander une licence de compétition à la Fédération Auto-Québec. Le coût approximatif de la licence varie de $50.00 à $75.00 + taxes selon la classe. Vous recevez alors un livre de réglements.

4- S'inscrire à chaque course à laquelle on veut participer; Courses régionales: $70.00 chacune

Compréhension

1. Que veut dire **étape**, en anglais?

   ____

2. Qu'est-ce qui coûte $30?

   ____

3. Quelles sont les trois choses que le Club de Karting offre à ses membres?

   ____
   ____
   ____

4. Qu'est-ce qu'on apprend dans **un cours de pilotage**?

   à courir   à conduire

5. Que veut dire le verbe réflexif **s'inscrire** et quel est le nom qui lui correspond?

   ____
   ____

Qu'est-ce que vous en pensez?

1. Quel est le synonyme de **licence** que vous connaissez?

   ____

2. Quel est le nom qui correspond au verbe **piloter**?

   ____

Nom ______________________________

Classe ____________________ Date ______________

B

Le karting, un sport accessible à tous!

Le karting représente la forme la plus accessible du sport automobile pour tout amateur qui désire s'y adonner. Il représente également l'étape de base pour un jeune pilote désirant atteindre des niveaux supérieurs dans le domaine de la compétition automobile. D'ailleurs, on peut constater le nombre important de pilotes renommés qui ont entrepris leur carriére en karting. On pense aux Senna, Prost, Piquet, Mansell, Fittipaldi de même que la plupart des pilotes actuels de Formule 1.

Place aux sensations fortes !!!

Accessible aux jeunes de 10 à 90 ans, MR Karting offre maintenant deux vértables pistes de course totalisant 1.4 kilomètres. Avec leurs virages en épingle, virages relevés, pont-tunnel et longues lignes droites, les tracés vous permetteront de connaître toutes les sensations fortes transmises par une voiture de course.

Tout en vous amusant, voilà l'occasion de fignoler votre technique de pilotage au volant d'un kart rapide et sécuritaire suivi tour par un système de chronométrage des plus moderne avec résultats copliés, tout cela au pied du Mont Royal, au centre de Montréal.
(Grandeur minimum requise de 52 pouces - 1,32 m)

Compréhension

1. Quels sont les deux avantages présentés du karting?

   ____

   ____

2. Quel âge faut-il avoir pour participer aux compétitions?

   8 ans   10 ans   12 ans   15 ans

3. Quelle taille faut-il avoir? En mètres? En pieds?

   ____

   ____

4. Quels pilotes ont commencé leur carrière en karting?

   ____

5. Que veut dire **renommé?**

   célèbre   excellent

Qu'est-ce que vous en pensez?

1. Que veut dire **au pied** du Mont Royal?

   en bas   en haut

2. Comment dit-on **to be at the wheel**?

   ____

Nom ______________________________

Classe ______________________ Date ______________ ______________

Discovering FRENCH Nouveau!

BLANC

C

● ***Un Service Commercial : 01 44 70 60 60***

Avec un choix de véhicules neufs et d' occasions important sur ses 1200m2 de Show-Room, et une équipe commerciale à votre disposition pour vous présenter les plus nouvelles voitures, vous les faire essayer ou vous proposer notre meilleure offre de reprise.

● ***Un Service Atelier Toutes Marques : 01 44 70 60 86***

avec :
- Un Chrono Service sans rendez-vous.
- Un atelier mécanique possédant les matériels les plus perfectionnés, aidé d'une équipe performante, et ce afin de vous garantir le meilleur entretien.
- Un atelier carrosserie toutes marques agréé par la plus part des compagnies d'Assurance.

● ***Un Service Pièces de Rechange et Accessoires : 01 44 70 60 94***

A l'occasion de nos *Portes Ouvertes les 24 et 25 mars,* venez découvrir et essayer la nouvelle Citroën C5. Toute l'équipe de *Galérie Autos St Lazare* vous réservera un accueil privilégié.

GALÉRIE AUTOS ST LAZARE

Compréhension

1. Que veut dire **superficie?**

   grand magasin   surface

2. Qu'est-ce qu'un **véhicule d'occasion?**

   une nouvelle voiture
   une voiture déjà utilisée

3. Qu'est-ce qu'on fait dans **un atelier mécanique?**

   ____

4. Si on **vous fait essayer** une voiture, qu'est-ce que ça veut dire?

   ____

5. **Toutes marques** veut dire . . .

   ____

Qu'est-ce que vous en pensez?

1. Que fait une **équipe commerciale?**

   ____

2. Comment dit-on **pièces de rechange** en anglais?

   ____